보랏빛소
워크북
시리즈

저절로 외워지는 신기한 고사성어 따라 쓰기

퍼플카우콘텐츠팀 글·이우일 그림

따라 쓰면
저절로 외워지는
신기한
고사성어 책!

차례

ㅇ으로 시작하는 고사성어

ㅈ, ㅊ, ㅌ, ㅍ, ㅎ으로 시작하는 고사성어

"'일석이조'가 되는 따라 쓰기 책!"

어린이 여러분! 반갑습니다. 제 이름은 백기남입니다. 저자들을 대신하여 머리말로 인사를 하게 되었습니다. 따라 쓰기, 그러니까 베껴 쓰기를 좋아해서 '베끼남' '베끼남' 이렇게 불리다가 백기남이라는 이름을 갖게 되었습니다.

역사와 지혜가 담긴 한자, 고사성어!

고사성어는 옛날이야기를 통해 지혜와 교훈을 전하는 한자말입니다. 수많은 선조들의 경험과 생각이 담겨 있지요. 이 책에는 초등학생이 꼭 알아야 할 고사성어 100개가 담겨 있습니다.

고사성어, 억지로 공부하지 마세요!

고사성어는 한자로 되어 있지만 어렵게 공부할 필요는 없습니다. 일단 우리말로 정확하게 쓸 수만 있어도 됩니다. 부담은 갖지 마세요. 그냥 이 책과 함께 고사성어 속으로 빠져들어 봅시다.

읽기 전에 따라 쓰지 마세요!

처음부터 무작정 따라 쓰지는 마세요. 쓰기 전에 일단 읽어야 합니다. 말하기 전에 상대방의 얘기를 듣는 것과 같아요. 잘 읽어야 잘 따라 쓸 수 있다는 걸 명심하고 고사성어와 해설을 큰소리로 읽어보세요.

쓸 때는 정성껏 따라 쓰세요!

이 책을 다 읽고 쓰고 싶어 손이 간질간질해질 때 쓰기 시작하세요. 하지만 숙제하듯이 후다닥 쓱쓱 따라 쓰지는 마세요. 최대한 천천히 정성껏 자신이 쓸 수 있는 가장 차분하고 예쁜 글씨로 칸을 채워야 합니다.

반복이 아니라 집중이 중요!

이 책은 일석이조의 책입니다. 고사성어 익히기와 함께 글씨체까지도 예뻐지기 때문입니다. 하지만 반복을 위한 교재가 아닙니다. 한두 번을 쓰더라도 잘 집중하고 몰입하면 효과를 거둘 수 있습니다.

따라 쓰기 이제 시작하세요!

간단히 정리해볼까요? 하나, 한자 걱정은 하지 마세요. 둘, 연필은 내려놓고 책을 끝까지 잘 읽어보세요. 셋, 쓸 때는 정성껏 천천히 따라 쓰세요. 그리고 언제나 제가 하고 싶은 말은 이 한마디뿐입니다. "베끼남?"

저자들을 대신하여, 백기남 선생님이 씀.

01 각골난망 刻骨難忘

각골난망은 뼈에 새겨져 잊기가 어렵다는 뜻입니다. 남에게 입은 은혜가 고마워 잊히지 않는다고 할 때 쓰입니다. 비슷한 말로는 죽어서 백골이 되어도 은혜를 잊지 않는다는 백골난망(白骨難忘)이 있습니다.

 다음 고사성어를 바르게 따라 써 보세요.

각	골	난	망		각	골	난	망		
각	골	난	망		각	골	난	망		

 다음 빈칸에 맞춰 따라 써 보세요.

은혜가 뼈에 새길 만큼 고마워 잊히지 않는다.

 한 글자씩 알아봐요!

| 刻 새길 각 | 骨 뼈 골 | 難 어려울 난 | 忘 잊을 망 |

고사성어 실력이 쑥쑥!

[예문] 그동안 태남이를 거두어 길러 주신 은혜 백골난망이외다. (출처 : 박완서의 《미망》)

02 감언이설 甘言利說

감(甘)이라는 단어를 잘 보면 입 속에 무언가를 물고 있는 모습이지요. 입에 문 음식이 쓰면 뱉었을 거라는 데서 '달다'라는 뜻이 되었습니다. 감언이설은 달콤한 말과 이득을 내세워 상대를 속인다는 뜻입니다. 감언이설은 대부분 거짓말이 많으니 눈앞의 이익 때문에 속아 넘어가면 안 되겠죠.

 다음 고사성어를 바르게 따라 써 보세요.

감	언	이	설		감	언	이	설			
감	언	이	설		감	언	이	설			

 다음 빈칸에 맞춰 따라 써 보세요.

남의 비위를 맞추는 달콤한 말을 내세워 꾀는 말

 한 글자씩 알아봐요!

| 甘 달 감 | 言 말씀 언 | 利 이로울 이 | 說 말씀 설 |

고사성어 실력이 쑥쑥!

[예문] 그는 떼돈을 벌어 주겠다는 감언이설에 돈을 떼이고 말았다.

03 개과천선 改過遷善

옛날에 주처라는 사람이 어려서 아버지를 잃고 방탕하게 살았습니다. 얼마나 못된 짓을 많이 했는지 마을 사람들은 그를 '남산에 있는 호랑이와 장교 아래에 있는 교룡과 더불어 마을의 세 가지 해악'으로 꼽을 정도였습니다. 이를 안 주처는 지난날의 잘못을 뉘우치고 10년간 열심히 공부해 큰 학자가 되었다고 합니다. 개과천선은 지난날의 잘못을 뉘우치고 착한 사람이 된다는 뜻입니다.

 다음 고사성어를 바르게 따라 써 보세요.

개	과	천	선		개	과	천	선		
개	과	천	선		개	과	천	선		

 다음 빈칸에 맞춰 따라 써 보세요.

지난날의 잘못을 뉘우치고 착한 사람이 되다.

 한 글자씩 알아봐요!

改 고칠 개   過 지날 과   遷 옮길 천   善 착할 선

고사성어 실력이 쑥쑥!

[예문] 그는 감옥에 다녀온 후 개과천선하였다.

04 격세지감 隔世之感

다른 시대를 사는 듯 크게 변화를 느끼는 감정입니다. 이 말은 실제로 긴 세월이 흘러 나타나는 변화의 감정을 말하기도 하지만, 너무 크게 변해서 긴 세월이 흐른 것 같은 착각을 일으킬 때 자주 씁니다.

 다음 고사성어를 바르게 따라 써 보세요. ✏️

격	세	지	감		격	세	지	감		
격	세	지	감		격	세	지	감		

 다음 빈칸에 맞춰 따라 써 보세요. 🖋️

몰라보게 변하여 아주 다른 세상이 된 느낌

 한 글자씩 알아봐요!

隔 사이 뜰 격	世 세대 세	之 갈 지	感 느낄 감

고사성어 실력이 쑥쑥!

[예문] 북한을 자유롭게 여행하게 되다니 격세지감을 느낍니다.

05 결초보은 結草報恩

위과라는 사람이 전쟁에 나갔다가 적군에게 쫓겨 잡힐 위험에 처했는데, 쫓아오던 적군이 갑자기 넘어져 위기를 모면할 수 있었습니다. 위과의 꿈에 한 노인이 나타나 "그대에게 은혜를 갚을 일이 있는데 오늘 내 무덤 앞을 지나길래 풀을 묶어서 그 은혜를 갚았소."라고 했습니다. 결초보은은 풀을 묶어서 은혜를 갚는다는 뜻으로 죽어서라도 잊지 않고 은혜를 갚겠다고 말할 때 사용합니다.

 다음 고사성어를 바르게 따라 써 보세요.

결	초	보	은		결	초	보	은		
결	초	보	은		결	초	보	은		

 다음 빈칸에 맞춰 따라 써 보세요.

풀을 묶어서 은혜를 갚다.

 한 글자씩 알아봐요!

| 結 맺을 결 | 草 풀 초 | 報 갚을 보 | 恩 은혜 은 |

고사성어 실력이 쑥쑥!

[예문] 죽어 저승에 가서라도 결초보은을 하오리다. (출처 : 박종화의 《임진왜란》)

06 계륵 鷄肋

삼국지의 조조가 촉나라 땅으로 쳐들어갔으나 그곳 사람들의 저항이 거세어 도저히 함락시키지 못하게 되었습니다. 어느 날 한 부하가 후퇴해야 할지 묻자 조조가 닭을 먹으면서 "계륵"이라고 했고 부하는 후퇴를 준비했다고 합니다.

계륵은 닭의 갈비입니다. 닭의 갈비는 뜯어 먹기는 힘들지만 그렇다고 버리기는 아깝지요. 큰 소용은 없으나 버리기에는 아까운 것을 이르는 말입니다.

 다음 고사성어를 바르게 따라 써 보세요.

계	륵		계	륵		계	륵		계	륵	
계	륵		계	륵		계	륵		계	륵	

 다음 빈칸에 맞춰 따라 써 보세요.

큰 소용은 없지만 버리기엔 아까운 것

 한 글자씩 알아봐요!

鷄 닭 계   肋 갈빗대 륵

고사성어 실력이 쑥쑥!

[예문] 서울 한강 수상택시 '계륵' 신세 전락 (출처 : 〈세계일보〉 2013년 12월 6일자)

07 고진감래 苦盡甘來

쓴 것이 다하면 단 것이 온다는 뜻으로, 고생 끝에 낙이 온다는 말입니다.
옛날 중국에 도종의라는 농부가 살았습니다. 가난한 농부는 필기구조차 살 돈이 없어 연필 대신 숯으로 종이 대신 나뭇잎으로 열심히 공부했습니다. 그 결과 크게 성공해 학자로 이름을 널리 알리게 되었는데 그의 경우를 보며 사람들이 고생 끝에 낙이 온다고 말했다고 합니다.

 다음 고사성어를 바르게 따라 써 보세요.

고	진	감	래		고	진	감	래			
고	진	감	래		고	진	감	래			

 다음 빈칸에 맞춰 따라 써 보세요.

고생 끝에 낙이 온다.

 한 글자씩 알아봐요!

苦 쓸고	盡 다할진	甘 달감	來 올래

고사성어 실력이 쑥쑥!

[영어] No pains, no gains.

08 과유불급 過猶不及

모든 사물이 정도를 지나치면 미치지 못한 것과 같다는 뜻으로, 논어에 나오는 말입니다. 공자의 제자가 공자에게 "자장과 자하 중 어느 쪽이 어집니까?" 하고 묻자, 공자는 "자장은 지나치고 자하는 미치지 못한다."고 대답했습니다. "그럼 자장이 낫단 말씀입니까?" 하고 다시 묻자, 공자는 "지나친 것은 미치지 못한 것과 같다."고 말했답니다.

 다음 고사성어를 바르게 따라 써 보세요.

과	유	불	급	과	유	불	급		
과	유	불	급	과	유	불	급		

 다음 빈칸에 맞춰 따라 써 보세요.

지나친 것은 미치지 못한 것과 같다.

 한 글자씩 알아봐요!

過 지날 과   猶 오히려 유   不 아닐 불   及 미칠 급

고사성어 실력이 쑥쑥!

[영어] To go too far is as wrong as to fall short.

13

09 관포지교 管鮑之交

옛날 중국의 관중(管仲)과 포숙(鮑叔)처럼 다정한 친구 사이를 이르는 말입니다. 두 사람은 오랫동안 함께하면서 서로의 마음을 알아주는 친구가 되었는데, 이후 사람들은 관중과 포숙처럼 우정이 돈독한 친구 관계, 허물없는 친구 사이를 두고 관포지교라는 말을 쓰게 되었습니다.

 다음 고사성어를 바르게 따라 써 보세요.

관	포	지	교		관	포	지	교		
관	포	지	교		관	포	지	교		

 다음 빈칸에 맞춰 따라 써 보세요.

관중과 포숙처럼 친구 사이가 다정하다.

 한 글자씩 알아봐요!

| 管 대롱 관 | 鮑 절인 물고기 포 | 之 갈 지 | 交 사귈 교 |

고사성어 실력이 쑥쑥!

[예문] 오성과 한음은 관포지교의 우정을 나누었다.

⑩ 구사일생 九死一生

아홉 번 죽을 뻔하다 한 번 살아난다는 뜻으로, 여러 차례 죽을 고비를 겪고 간신히 살아남을 이르는 말입니다. 초나라 시인이자 정치가인 굴원이 임금에 대한 원망을 담아 "아침에 바른말 올렸다가 저녁에 쫓겨났네. 해초를 둘렀다고 나를 버리셨는가. 아니면 내가 구릿대를 잡았기 때문인가! 그래도 내게는 아름다운 것이기에 아홉 번 죽어도 후회하지 않으리라."라고 쓴 글에서 유래합니다.

 다음 고사성어를 바르게 따라 써 보세요.

구	사	일	생		구	사	일	생			
구	사	일	생		구	사	일	생			

 다음 빈칸에 맞춰 따라 써 보세요.

아홉 번 죽을 뻔하다 한 번 살아나다.

 한 글자씩 알아봐요!

九 아홉구	死 죽을사	一 한일	生 날생

고사성어 실력이 쑥쑥!

[예문] 구사일생으로 목숨을 건지다.

군계일학 群鷄一鶴

무리 지어 있는 닭 가운데 한 마리의 학이라는 뜻입니다. 여러 평범한 사람들 가운데 유독 돋보이는 외모나 능력을 지닌 사람을 이르는 말입니다 비슷한 말로 흰 눈썹이라는 뜻의 백미(白眉)도 여럿 가운데 가장 뛰어난 사람을 이릅니다.

 다음 고사성어를 바르게 따라 써 보세요.

군	계	일	학		군	계	일	학			
군	계	일	학		군	계	일	학			

 다음 빈칸에 맞춰 따라 써 보세요.

무리 지어 있는 닭 가운데 한 마리의 학

 한 글자씩 알아봐요!

| 群 무리 군 | 鷄 닭 계 | 一 한 일 | 鶴 학 학 |

고사성어 실력이 쑥쑥!

[예문] 그는 사람들 틈에 있으면 군계일학 격으로 더욱 두드러져 보였다.

12 금의환향 錦衣還鄕

비단옷을 입고 고향으로 돌아온다는 뜻입니다. 비단옷은 출세를 상징하며 출세 후 고향으로 돌아온다는 말입니다. 이 말은 진나라를 무너뜨린 항우가 수도 관중에 진입한 후 "성공하고도 고향으로 돌아가지 않는다면 비단옷을 입고 밤길을 가는 것과 무엇이 다르겠느냐? 비단옷을 입었으면 고향으로 돌아가는 것이 마땅하다."라고 한 말에서 유래합니다.

 다음 고사성어를 바르게 따라 써 보세요.

금	의	환	향		금	의	환	향			
금	의	환	향		금	의	환	향			

 다음 빈칸에 맞춰 따라 써 보세요.

비단옷을 입고 고향으로 돌아온다.

 한 글자씩 알아봐요!

錦 비단 금	衣 옷 의	還 돌아올 환	鄕 시골 향

고사성어 실력이 쑥쑥!

[예문] 추신수 귀국, '1억 달러 사나이' 금의환향 (출처 : <조선일보> 2013년 12월 30일자)

13 금상첨화 錦上添花

비단 위에 꽃을 더한다니 좋은 것이 겹쳐질 때 쓰는 표현입니다. 어려운 일이 겹친다는 설상가상(雪上加霜)과는 정반대 의미의 고사성어입니다. 이 표현은 중국 북송 시대의 시인인 왕안석의 시 '즉사(卽事)'에 나오는 '아름다운 노래는 비단 위에 꽃을 더함이네.'라는 구절에서 유래한다고 합니다.

 다음 고사성어를 바르게 따라 써 보세요.

금	상	첨	화		금	상	첨	화			
금	상	첨	화		금	상	첨	화			

 다음 빈칸에 맞춰 따라 써 보세요.

비단 위에 꽃을 더한다.

 한 글자씩 알아봐요!

| 錦 비단 금 | 上 윗 상 | 添 더할 첨 | 花 꽃 화 |

고사성어 실력이 쑥쑥!

[예문] 이왕이면 차도 새것이고 배기량도 넉넉한 성능 좋은 차가 걸려들면 금상첨화였다. (출처 : 최인호의 《지구인》)

14 기우 杞憂

앞일에 대해 쓸데없는 걱정을 하는 경우에 사용하는 표현입니다. 옛날 중국 기나라에 살던 한 사람이 '만약 하늘이 무너지고 땅이 꺼지면 몸을 어디로 피해야 좋을까?' 하고 잠도 못 자고 걱정을 했다는 데서 유래합니다.

 다음 고사성어를 바르게 따라 써 보세요. ✏️

기	우		기	우		기	우		기	우	
기	우		기	우		기	우		기	우	

 다음 빈칸에 맞춰 따라 써 보세요.

앞일에 대해 쓸데없는 걱정을 한다.

 한 글자씩 알아봐요!

杞 나라 이름 기   憂 근심 우

고사성어 실력이 쑥쑥!

[예문] 지금 네가 하는 걱정은 모두 기우에 불과하다.

15 난형난제 難兄難弟

누구를 형이라 하고 누구를 아우라 하기 어렵다는 뜻으로, 두 사물이 비슷하여 낫고 못함을 정하기 어려움을 이르는 말입니다. 한나라 시대 어느 사촌형제가 서로 자기 아버지의 공덕이 더 훌륭하다고 주장하다가 결말이 나지 않아 할아버지에게 가서 우열을 가려 달라고 했습니다. 그러자 할아버지는 "원방도 형 되기가 어렵고 계방도 동생 되기가 어렵다."라고 대답했다는 데서 유래하는 표현입니다.

 다음 고사성어를 바르게 따라 써 보세요.

난	형	난	제		난	형	난	제		
난	형	난	제		난	형	난	제		

 다음 빈칸에 맞춰 따라 써 보세요.

형이라 하기도 어렵고, 아우라 하기도 어렵다.

 한 글자씩 알아봐요!

難 어려울 난	兄 형 형	難 어려울 난	弟 아우 제

고사성어 실력이 쑥쑥!

[비슷한 말] 막상막하(莫上莫下)

16 노심초사 勞心焦思

몹시 마음을 쓰며 애를 태운다는 뜻입니다. 마음을 편안히 갖지 못하고 어쩔 줄 몰라 하는 모습이 눈앞에 떠오르지요. 노심초사하는 사람은 잠도 제대로 못 이루는 것이 당연하다 보니 이런 표현이 생겨났습니다.

✏️ 다음 고사성어를 바르게 따라 써 보세요.

노	심	초	사		노	심	초	사			
노	심	초	사		노	심	초	사			

 다음 빈칸에 맞춰 따라 써 보세요.

몹시 마음을 쓰며 애를 태운다.

한 글자씩 알아봐요!

| 勞 일할 노 | 心 마음 심 | 焦 탈 초 | 思 생각 사 |

고사성어 실력이 쑥쑥!

[예문] 그는 거짓말이 탄로 날까 봐 노심초사하였다.

17 다다익선 多多益善

많으면 많을수록 더욱 좋다는 말입니다. 선(善)은 '착하다' 외에 '좋다'는 뜻으로도 쓰입니다. 이 말은 중국 한나라의 첫 번째 황제가 된 유방과 초나라 왕 한신과의 대화에서 유래했다고 합니다. 유방이 한신에게 경은 어느 정도의 군사를 거느릴 수 있겠는지 물었는데 한신은 "소신은 많으면 많을수록 좋사옵니다."라고 대답했다고 합니다.

 다음 고사성어를 바르게 따라 써 보세요. ✏

다	다	익	선		다	다	익	선			
다	다	익	선		다	다	익	선			

 다음 빈칸에 맞춰 따라 써 보세요.

많으면 많을수록 더욱 좋다.

 한 글자씩 알아봐요!

| 多 많을 다 | 多 많을 다 | 益 더할 익 | 善 좋은 선 |

고사성어 실력이 쑥쑥!

[예문] 칭찬은 다다익선이니, 많이 들으면 들을수록 좋다.

18 다반사 茶飯事

차(茶)와 밥(飯)을 먹는 일은 일상에서 늘 있는 일입니다. 다반사는 차를 마시고 밥을 먹듯 일상적으로 하는 일, 즉 예사로운 일을 이르는 말입니다. 날마다 반복된다는 의미를 더해 일상다반사(日常茶飯事)라고 표현하기도 합니다.

 다음 고사성어를 바르게 따라 써 보세요. ✏️

다	반	사		다	반	사		다	반	사	
다	반	사		다	반	사		다	반	사	

 다음 빈칸에 맞춰 따라 써 보세요. 🖋️

차를 마시고 밥을 먹는 예사로운 일

 한 글자씩 알아봐요!

茶 차다   飯 밥반   事 일사

고사성어 실력이 쑥쑥!

[예문] 농촌에서 딸 팔아먹고 아들 떠나보내는 것은 이제 다반사가 되었다. (출처 : 박경리의 《토지》)

19 단도직입 單刀直入

홀로 칼을 들고 곧바로 들어간다는 것은 혼자서 적진을 향해 한 자루의 칼을 휘두르며 곧장 쳐들어가는 것입니다. 말을 하거나 글을 쓸 때 여러 말을 늘어놓거나 빙 돌리지 않고 문제의 요점이나 핵심을 곧바로 전달하는 것을 말합니다.

 다음 고사성어를 바르게 따라 써 보세요.

단	도	직	입	단	도	직	입			
단	도	직	입	단	도	직	입			

 다음 빈칸에 맞춰 따라 써 보세요.

홀로 칼을 들고 곧바로 들어가다.

 한 글자씩 알아봐요!

| 單 홀로 단 | 刀 칼 도 | 直 곧바로 직 | 入 들 입 |

고사성어 실력이 쑥쑥!

[예문] 그렇게 빙 돌려 말하지 말고 단도직입으로 말해.

20 대기만성 大器晩成

큰 그릇을 만드는 데는 시간이 걸린다는 뜻입니다. 위나라 최염 장군에게 최림이라는 사촌이 있었는데 최염과 달리 생김새도 볼품없고, 말솜씨도 없어서 사람들은 그를 별 볼일 없는 인물로 여겼습니다. 그러나 최염은 "큰 종이나 큰 솥을 만들기 위해서는 시간이 오래 걸리는 것처럼 최림은 오랜 시간 만들어지는 큰 그릇과 같으니 훗날 반드시 큰일을 해낼 것"이라고 말했답니다. 훗날 그의 말대로 최림은 재상의 자리에까지 올랐습니다.

 다음 고사성어를 바르게 따라 써 보세요.

대	기	만	성	대	기	만	성			
대	기	만	성	대	기	만	성			

 다음 빈칸에 맞춰 따라 써 보세요.

큰 그릇을 만드는 데는 시간이 걸린다.

 한 글자씩 알아봐요!

大 클 대   器 그릇 기   晩 늦을 만   成 이룰 성

고사성어 실력이 쑥쑥!

[예문] 그는 긴 무명 시절을 보내고 유명 배우가 된 대기만성형이다.

21 대동소이 大同小異

큰 부분은 같으나 작은 부분에는 차이가 있다는 뜻입니다. 대부분은 같은데 아주 사소한 차이가 있을 때 쓰는 표현입니다. 이 표현은 같다는 것을 강조하는 것이지 다른 것을 강조하는 것이 아니랍니다.

 다음 고사성어를 바르게 따라 써 보세요.

대	동	소	이		대	동	소	이		
대	동	소	이		대	동	소	이		

 다음 빈칸에 맞춰 따라 써 보세요.

큰 차이 없이 거의 같다.

 한 글자씩 알아봐요!

| 大 클 대 | 同 같을 동 | 小 작을 소 | 異 다를 이 |

고사성어 실력이 쑥쑥!

[예문] 두 선수의 실력이 대동소이해서 쉽게 승부가 나지 않는다.

22 동문서답 東問西答

동쪽에서 묻자 서쪽에서 답한다는 것이니 질문에 대해 엉뚱한 대답을 늘어놓는다는 뜻입니다. 질문을 이해하지 못했다고 볼 수도 있지만 입장이 달라 상대방의 질문을 애써 무시하는 상황에서도 사용하는 표현입니다.

 다음 고사성어를 바르게 따라 써 보세요.

동	문	서	답		동	문	서	답			
동	문	서	답		동	문	서	답			

 다음 빈칸에 맞춰 따라 써 보세요.

물음과는 전혀 상관없는 엉뚱한 대답

 한 글자씩 알아봐요!

東 동녘 동	問 물을 문	西 서녘 서	答 대답 답

고사성어 실력이 쑥쑥!

[예문] 동문서답도 유분수지, 너 지금 도대체 무슨 말을 하는 거냐?

23 동병상련 同病相憐

같은 병을 앓고 있는 사람들끼리 서로 불쌍히 여긴다니 말 그대로 같은 처지에 놓인 사람끼리 서로 동정하고 돕는다는 뜻입니다. 속담 중에 '과부 사정은 홀아비가 안다'는 게 있는데, 비슷한 뜻입니다.

 다음 고사성어를 바르게 따라 써 보세요. ✏

동	병	상	련		동	병	상	련			
동	병	상	련		동	병	상	련			

 다음 빈칸에 맞춰 따라 써 보세요.

처지가 비슷한 사람끼리 서로를 잘 이해한다.

 한 글자씩 알아봐요!

| 同 한가지 동 | 病 병 병 | 相 서로 상 | 憐 불쌍히 여길 련 |

고사성어 실력이 쑥쑥!

[비슷한 말] **초록동색(草綠同色)**

24 동상이몽 同床異夢

동상이몽에서 '상'은 평상으로 일종의 침대입니다. 중국은 옛날부터 침대를 써 왔기 때문에 '상'은 잠자리를 의미합니다. 같은 잠자리에 누워 잠을 자지만 다른 꿈을 꾸는 것처럼 겉으로는 같이 행동하면서 속으로는 각자 딴 생각을 한다는 말입니다.

 다음 고사성어를 바르게 따라 써 보세요. ✏️

동	상	이	몽		동	상	이	몽		
동	상	이	몽		동	상	이	몽		

 다음 빈칸에 맞춰 따라 써 보세요.

같은 자리에 자면서 다른 꿈을 꾼다.

 한 글자씩 알아봐요!

同 같을 동	床 평상 상	異 다를 이	夢 꿈 몽

 고사성어 실력이 쑥쑥!

[비슷한 말] 동상각몽(同牀各夢)

29

25 두문불출 杜門不出

문을 닫고 밖으로 나가지 않는다는 뜻으로, 집에만 틀어박혀 사회의 일에 참여하지 않거나 관직에 나아가지 않음을 이르는 말입니다. 이성계가 조선을 건국할 때 고려에 대한 충절을 지키고자 조정에 나가기를 거부한 이들이 두문동에 숨어서 밖에 나가지 않았다는 데서 유래한 말입니다.

 다음 고사성어를 바르게 따라 써 보세요. ✏️

두	문	불	출	두	문	불	출			
두	문	불	출	두	문	불	출			

 다음 빈칸에 맞춰 따라 써 보세요.

문을 닫고 밖으로 나가지 않는다.

 한 글자씩 알아봐요!

| 杜 막을 두 | 門 문 문 | 不 아닐 불 | 出 날 출 |

고사성어 실력이 쑥쑥!

[예문] 그는 사람들과의 접촉을 끊고 두문불출하고 있다.

26 등용문 登龍門

말그대로 용문(龍門)에 오른다는 뜻으로, 어려운 관문을 통과하여 크게 출세한다는 말입니다. 용문은 황허강 상류에 있는 협곡 이름입니다. 이곳은 물살이 빨라 물고기들이 상류로 거슬러 오르지 못하므로, 일단 이곳을 오르기만 하면 용으로 변해 하늘로 날아 올라간다는 전설이 있었습니다. 그래서 등용문은 고난을 뚫고 과거에 급제해 벼슬길에 오르는 것을 비유하는 말로 쓰입니다.

 다음 고사성어를 바르게 따라 써 보세요.

등	용	문		등	용	문		등	용	문	
등	용	문		등	용	문		등	용	문	

 다음 빈칸에 맞춰 따라 써 보세요.

출세의 관문에 들어서 출세를 위한 기회를 잡다.

 한 글자씩 알아봐요!

登 오를등   龍 용용   門 문문

고사성어 실력이 쑥쑥!

[예문] 각 일간지의 신춘문예 공모는 젊은 소설가들의 등용문이다.

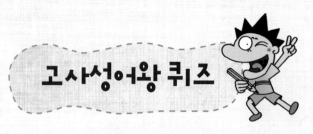

고사성어왕 퀴즈

1. 진나라를 무너뜨린 항우가 수도 관중에 진입한 후 "성공하고도 고향으로 돌아가지 않는다면 비단옷을 입고 밤길을 가는 것과 무엇이 다르겠느냐? 비단옷을 입었으면 고향으로 돌아가는 것이 마땅하다."라고 한 말에서 유래한 고사성어는 다음 중 무엇일까요?

① 금상첨화 (錦上添花)

② 동문서답 (東問西答)

③ 금의환향 (錦衣還鄉)

④ 노심초사 (勞心焦思)

2. 다음 고사성어는 '아홉 번 죽을 뻔하다 한 번 살아남'을 뜻하는 말입니다. 오른쪽 빈칸에 알맞은 고사성어를 적으세요.

ㄱ ㅅ ㅇ ㅅ ⇨ ☐ ☐ ☐ ☐

3. 다음 글의 빈칸에 맞는 고사성어는 무엇일까요?

가끔 말도 안 되게 좋은 값에 물건을 판다는 사람들이 있습니다. 장사꾼들 중에는 이렇게 달콤한 말과 좋은 조건을 내세워 상대방을 유혹하려는 이들이 있습니다. 귀가 솔깃한 제안 중에는 ☐☐☐☐이 많으니 주의해야 합니다.

1. ③ 2. 구사일생 3. 감언이설

정답

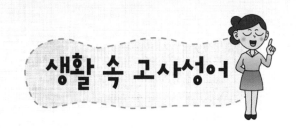

다다익선

서보라 선생님 "다다익선은 많으면 많을수록 좋다는 뜻인데, 우리 주변에 많으면 많을수록 좋은 것들은 뭐가 있는지 함께 얘기해 볼까요?"

눈팅이 "친구요! 친구는 많으면 많을수록 좋아요!"

명필이 "책도 그렇지 않을까요? 많으면 많을수록 좋고, 많이 읽으면 똑똑해져요."

안써니 "돈이요! 돈이 많으면 뭐든지 할 수 있지 않나요?"

서보라 선생님 "음, 과연 그럴까? 친구나 책은 다다익선이 맞지만 돈은 좀 다른 것 같구나. 지나치게 돈이 많으면 걱정도 많아지거든."

안써니 "선생님 말씀을 들으니 저는 생각이 많아지기 시작했어요. 생각도 다다익선일까요?"

서보라 선생님 "생각도 지나치게 많으면 곤란하단다. 너무 오래 생각하느라 결정을 못 내리면 후회하는 일이 생길 수 있어."

친구는 많을 수록 좋아요!

책도요!

돈도요!

친구나 책은 다다익선 이지만, 돈은 너무 많으면 골치가 아프단다.

27 마이동풍 馬耳東風

말의 귀에 동풍이라는 뜻으로, 남의 말을 유심히 듣지 않고 흘려보내는 모습을 표현한 것입니다. 아무리 애를 쓰며 충고를 전하려고 해도 상대가 전혀 듣지 않는 상황을 비유한 말입니다. 중국의 시인 이백의 시에 나오는 '마치 동풍에 쏘인 말의 귀처럼'이라는 구절에서 유래한다고 합니다.

 다음 고사성어를 바르게 따라 써 보세요.

마	이	동	풍		마	이	동	풍			
마	이	동	풍		마	이	동	풍			

 다음 빈칸에 맞춰 따라 써 보세요.

동풍이 말의 귀를 스쳐가듯 남의 말을 듣지 않는다.

 한 글자씩 알아봐요!

| 馬 말 마 | 耳 귀 이 | 東 동녘 동 | 風 바람 풍 |

고사성어 실력이 쑥쑥!

[예문] 마이동풍으로 흘려듣다.

28 맹모삼천 孟母三遷

맹자의 어머니가 아들의 교육을 위해 세 번이나 이사를 했다는 데서 유래한 고사성어로 교육에는 주위 환경이 중요하다는 의미가 담겨 있습니다. 맹자의 어머니가 마지막으로 이사한 곳은 서당 근처입니다. 서당에서 글 읽는 소리가 나자 맹자는 늘 글 읽는 흉내를 내었다고 합니다.

 다음 고사성어를 바르게 따라 써 보세요.

맹	모	삼	천		맹	모	삼	천			
맹	모	삼	천		맹	모	삼	천			

 다음 빈칸에 맞춰 따라 써 보세요.

맹자의 어머니가 아들의 교육을 위해 세 번 이사했다.

 한 글자씩 알아봐요!

孟 맏 맹	母 어머니 모	三 석 삼	遷 옮길 천

고사성어 실력이 쑥쑥!

....

[비슷한 말] 맹모삼천지교 (孟母三遷之敎)

29 모순 矛盾

창과 방패라는 뜻으로 말이나 행동이 서로 앞뒤가 맞지 않을 때 사용합니다. 옛날에 창과 방패를 함께 파는 상인이 있었습니다. 창을 팔 때는 어떤 방패로도 막지 못하는 창이라고 하고, 방패를 팔 때는 어떤 창으로도 뚫지 못하는 방패라고 하여 사람들이 앞뒤가 맞지 않는 말을 모순이라고 말하게 되었답니다.

 다음 고사성어를 바르게 따라 써 보세요. ✏️

모	순		모	순		모	순		모	순	
모	순		모	순		모	순		모	순	

 다음 빈칸에 맞춰 따라 써 보세요.

창과 방패, 말이나 행동이 앞뒤가 맞지 않는다.

 한 글자씩 알아봐요!

矛 창 모   盾 방패 순

고사성어 실력이 쑥쑥!

[예문] 네 이야기는 모순이 있어 이해하기 어려워.

30 무릉도원 武陵桃源

이 세상이 아닌 것 같은 별천지를 이르는 말입니다. 중국 진나라 때 무릉에 사는 한 어부가 배를 저어가다가 복숭아꽃이 핀 수풀에 들어섰습니다. 배에서 내린 어부가 빛을 따라 앞으로 가 보니 기름진 논밭과 아름다운 연못, 뽕나무와 대나무들이 있고 논과 밭에서는 사람들이 즐겁고 편안한 모습으로 농사를 짓고 있었습니다. 이후 사람들은 어부가 본 것과 같이 특별히 경치가 좋거나 살기 좋은 완벽한 곳을 두고 무릉도원이라고 표현하게 되었답니다.

 다음 고사성어를 바르게 따라 써 보세요.

무	릉	도	원		무	릉	도	원			
무	릉	도	원		무	릉	도	원			

 다음 빈칸에 맞춰 따라 써 보세요.

이 세상을 떠난 별천지

 한 글자씩 알아봐요!

武 호반 무	陵 언덕 릉	桃 복숭아 도	源 근원 원

고사성어 실력이 쑥쑥!

[예문] 그놈은 아직도 무릉도원에서 살고 있군. (출처 : 유현종의 《들불》)

31 문전성시 門前成市

대문 앞에 시장이 선 것 같다는 뜻입니다. 옛날이나 지금이나 유명인의 집이나 부잣집에는 늘 많은 사람들이 찾아갑니다. 사람이 너무 많이 몰려 들어 마치 시장이 선 것 같다는 의미에서 만들어진 표현입니다.

 다음 고사성어를 바르게 따라 써 보세요.

문	전	성	시		문	전	성	시			
문	전	성	시		문	전	성	시			

 다음 빈칸에 맞춰 따라 써 보세요.

대문 앞에 마치 시장이 선 것 같다.

 한 글자씩 알아봐요!

門 문문   前 앞전   成 이룰성   市 저자시

고사성어 실력이 쑥쑥!

[예문] 할인 판매가 시작되자 백화점은 하루 종일 문전성시를 이루었다.

32 미봉책 彌縫策

떨어진 곳을 임시로 꿰매는 것처럼 문제를 근본적으로 해결하지 않고 눈가림하는 일시적인 계책을 말합니다. 원래는 전쟁에서 전차 부대를 앞세우고 보병을 뒤따르게 해 모자라는 부분을 보완하는 전투 방식을 가리키는 말로 쓰였으나 오늘날에는 결점이나 실패를 덮어 발각되지 않게 감추기만 하는 계책의 의미로 바뀌어 사용되고 있답니다.

 다음 고사성어를 바르게 따라 써 보세요. ✏️

미	봉	책		미	봉	책		미	봉	책	
미	봉	책		미	봉	책		미	봉	책	

 다음 빈칸에 맞춰 따라 써 보세요. 🖊️

떨어진 곳을 이곳저곳 꿰매 사용하는 계책

 한 글자씩 알아봐요!

彌 두루 미	縫 꿰맬 봉	策 꾀 책

고사성어 실력이 쑥쑥!

[예문] 공기업 경영개혁 또 미봉책인가 (출처 : 〈한국경제〉 2013년 11월 27일자)

33 배수진 背水陣

한자 그대로의 뜻은 강이나 바다를 등지고 있는 것입니다. 중국 한나라의 장군인 한신이 강을 등지고 진을 쳐서 병사들이 물러서지 못하고 힘을 다하여 싸우게 해 조나라의 군사를 물리쳤다는 데서 유래합니다.

 다음 고사성어를 바르게 따라 써 보세요.

배	수	진		배	수	진		배	수	진	
배	수	진		배	수	진		배	수	진	

 다음 빈칸에 맞춰 따라 써 보세요.

물을 등지고 진을 치듯 죽을 각오로 임하다.

 한 글자씩 알아봐요!

背 등 배   水 물 수   陣 진 칠 진

고사성어 실력이 쑥쑥!

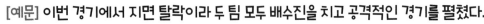

[예문] 이번 경기에서 지면 탈락이라 두 팀 모두 배수진을 치고 공격적인 경기를 펼쳤다.

34 배은망덕 背恩忘德

은혜를 배반하고 베풀어 준 덕을 잊는다는 뜻입니다. 베풀어 준 은혜에 보답은커녕 은혜를 원수로 갚는 것이지요. 배(背)는 바로 앞에서는 등이라는 뜻으로 쓰였는데, 여기서는 배반하다라는 의미로 쓰입니다.

 다음 고사성어를 바르게 따라 써 보세요.

배	은	망	덕	배	은	망	덕			
배	은	망	덕	배	은	망	덕			

 다음 빈칸에 맞춰 따라 써 보세요.

남에게 입은 은혜를 저버리고 배반한다.

 한 글자씩 알아봐요!

| 背 배반할 배 | 恩 은혜 은 | 忘 잊을 망 | 德 덕 덕 |

고사성어 실력이 쑥쑥!

[예문] 그 같은 배은망덕을 저지르고 다시 나를 찾아오다니 어이가 없구나.

35 백문불여일견 百聞不如一見

백 번 듣는 것이 한 번 보는 것만 못하다는 뜻으로, 무엇이든지 경험을 해 보아야 보다 확실히 알 수 있다는 말입니다. 듣기만 해서는 아무래도 확실히 알기 어려우니 직접 보아야 제대로 알게 되겠지요.

 다음 고사성어를 바르게 따라 써 보세요.

백	문	불	여	일	견				
백	문	불	여	일	견				

 다음 빈칸에 맞춰 따라 써 보세요.

백 번 듣는 것이 한 번 보는 것만 못하다.

 한 글자씩 알아봐요!

| 百 일백 백 | 聞 들을 문 | 不 아닐 불 | 如 같을 여 | 一 한 일 | 見 볼 견 |

고사성어 실력이 쑥쑥!

[영어] To see is to believe. (보는 것이 믿는 것이다.)

36 백발백중 百發百中

활이나 총을 쏠 때 백 번을 쏘아 백 번 맞힌다는 뜻입니다. 활이나 총 이외 예상이나 계획이 매번 딱딱 맞아 떨어질 때도 백발백중이라고 합니다.

 다음 고사성어를 바르게 따라 써 보세요.

백	발	백	중		백	발	백	중		
백	발	백	중		백	발	백	중		

 다음 빈칸에 맞춰 따라 써 보세요.

백 번 쏘아 백 번 다 맞힌다.

 한 글자씩 알아봐요!

百 일백 백	發 필 발	百 일백 백	中 가운데 중

고사성어 실력이 쑥쑥!

[예문] 그 점쟁이는 백발백중이라고 소문이 났다.

37 부전자전 父傳子傳

아버지의 성품이나 행동, 습관 등이 아들에게 그대로 전해진다는 뜻입니다. 자식이 부모의 피를 받아 태어나니 부모의 모습을 이어받는 건 어찌 보면 당연한 일이겠지요. 비슷한 말로 부자상전(父子相傳)이라고도 합니다.

 다음 고사성어를 바르게 따라 써 보세요.

부	전	자	전		부	전	자	전			
부	전	자	전		부	전	자	전			

 다음 빈칸에 맞춰 따라 써 보세요.

아버지가 아들에게 대대로 전한다.

 한 글자씩 알아봐요!

| 父 아버지 부 | 傳 전할 전 | 子 아들 자 | 傳 전할 전 |

고사성어 실력이 쑥쑥!

[예문] 부전자전일세. 자네 부친도 야구라면 미치고 못사는 사람이었지. (출처 : 홍성원의 《육이오》)

38 부화뇌동 附和雷同

'부화'는 자기 의견 없이 남의 의견을 가볍게 좇는다는 뜻이고, '뇌동'은 천둥소리에 만물이 따라 움직인다는 뜻입니다. 즉, 부화뇌동은 자기 생각이나 판단 없이 다른 사람의 의견을 무조건 따르는 것을 경계하는 말로 쓰입니다.

 다음 고사성어를 바르게 따라 써 보세요. ✏️

부	화	뇌	동		부	화	뇌	동			
부	화	뇌	동		부	화	뇌	동			

 다음 빈칸에 맞춰 따라 써 보세요.

줏대 없이 남의 의견에 따라 움직이다.

 한 글자씩 알아봐요!

附 붙을 부   和 화할 화   雷 우레 뇌   同 같을 동

고사성어 실력이 쑥쑥!

[예문] 잘 알지도 못하면서 함부로 부화뇌동하지 마라.

39 사면초가 四面楚歌

초나라 항우의 군사와 한나라 유방의 군사가 전투를 벌일 때 벌어진 일입니다. 항우의 군사들이 해하라는 곳에서 유방의 군사들에게 사면으로 둘러싸여 있었습니다. 이때 어디선가 초나라의 노랫소리가 들려오자 항우는 "한나라가 이미 초나라를 점령한 것인가?"라고 말하며 싸울 의지를 잃어버리게 되었다고 합니다. 사면초가는 적에게 포위되거나 몹시 어려운 일을 당하여 극복할 방법이 전혀 없는 곤란한 처지를 말합니다.

 다음 고사성어를 바르게 따라 써 보세요.

사	면	초	가	사	면	초	가			
사	면	초	가	사	면	초	가			

 다음 빈칸에 맞춰 따라 써 보세요.

사방을 적이 포위하고 있는 위험한 상황

 한 글자씩 알아봐요!

| 四 넉 사 | 面 낯 면 | 楚 초나라 초 | 歌 노래 가 |

고사성어 실력이 쑥쑥!

[예문] 성 밖에도 적, 성 안에도 적, 그야말로 사면초가였다. (출처 : 현기영의 《변방에 우짖는 새》)

⓯ 사상누각 沙上樓閣

'누각'은 사방을 바라볼 수 있도록 문과 벽이 없이 높이 지은 집으로, 사상누각이면 모래 위에 집을 지은 것입니다. 모래 위에 지은 집처럼 기초가 튼튼하지 못하여 오래 견디지 못할 일이나 물건을 표현할 때 사용합니다.

 다음 고사성어를 바르게 따라 써 보세요. ✏️

사	상	누	각	사	상	누	각		
사	상	누	각	사	상	누	각		

 다음 빈칸에 맞춰 따라 써 보세요. ✒️

모래 위에 지은 집

 한 글자씩 알아봐요!

| 沙 모래 사 | 上 윗 상 | 樓 다락 누 | 閣 집 각 |

고사성어 실력이 쑥쑥!

[영어] A house of cards. (카드로 지은 집, 성공할 가능성이 낮은 계획)

41 사이비 似而非

겉으로는 같아 보이지만 실제로는 전혀 다른 사람이나 사물을 가리켜 사이비라고 합니다. 진짜를 모방하거나 흉내 낸 것을 말하는 것입니다. 그래서 가짜 의사 행세를 하면 사이비 의사, 가짜 기자 행세를 하면 사이비 기자라고 합니다.

 다음 고사성어를 바르게 따라 써 보세요. ✏️

사	이	비		사	이	비		사	이	비	
사	이	비		사	이	비		사	이	비	

 다음 빈칸에 맞춰 따라 써 보세요.

겉으로는 비슷하나 속으로는 완전히 다르다.

 한 글자씩 알아봐요!

似 닮을 사   而 말이을 이   非 아닐 비

고사성어 실력이 쑥쑥!

[예문] 사이비 목사에게 유괴된 소년… 악마성의 끝은 어디일까 (출처 : <동아일보> 2013년 10월 5일자)

12 사족 蛇足

사족은 뱀의 발이라는 뜻인데 사실 뱀에는 발이 없습니다. 옛날 중국에서 사람들이 뱀을 빨리 그리는 내기를 했는데, 가장 빨리 그린 사람이 그만 뱀의 몸에 다리를 그려 넣었다고 합니다. 이를 본 사람이 "당신이 그린 뱀에는 다리가 있으니 어찌 뱀이라 할 수 있겠소?"라고 말해 이때부터 쓸데없이 덧붙여진 일이나 군더더기를 이를 때 사족이라고 하게 되었답니다.

 다음 고사성어를 바르게 따라 써 보세요.

사	족		사	족		사	족		사	족	
사	족		사	족		사	족		사	족	

 다음 빈칸에 맞춰 따라 써 보세요.

뱀의 발, 쓸데없는 일을 하는 것

 한 글자씩 알아봐요!

蛇 긴 뱀 사   足 발 족

고사성어 실력이 쑥쑥!

[예문] 마지막 단락은 사족이니 삭제하는 게 좋겠다.

43 사필귀정 事必歸正

사(事)는 세상의 모든 일이고, 정(正)은 세상의 올바른 이치입니다. 즉, 세상의 모든 일은 반드시 올바른 이치로 돌아간다는 뜻이지요. 어떤 일이 도중에 잘못될 수는 있으나 결국에 가서는 본래의 모습 또는 정해진 이치대로 돌아간다는 의미로 사용합니다.

 다음 고사성어를 바르게 따라 써 보세요.

사	필	귀	정		사	필	귀	정			
사	필	귀	정		사	필	귀	정			

 다음 빈칸에 맞춰 따라 써 보세요.

모든 일은 반드시 바른 길로 돌아간다.

 한 글자씩 알아봐요!

事 일 사   必 반드시 필   歸 돌아갈 귀   正 바를 정

고사성어 실력이 쑥쑥!

[예문] 일제가 빼앗아간 조선왕실 도서를 돌려 받는 것은 사필귀정이라고 할 수 있다.

44 살신성인 殺身成仁

자기 몸을 희생하여 인(仁)을 이룬다는 뜻입니다. 공자가 "뜻있는 선비와 어진 사람은 삶을 구하여 인을 해치는 일이 없고, 몸을 죽여서 인을 이룬다."라고 말한 데서 유래합니다.

 다음 고사성어를 바르게 따라 써 보세요. ✏️

살	신	성	인		살	신	성	인		
살	신	성	인		살	신	성	인		

 다음 빈칸에 맞춰 따라 써 보세요.

자기 몸을 희생하여 인을 달성하다.

 한 글자씩 알아봐요!

殺 죽일 살   身 몸 신   成 이룰 성   仁 어질 인

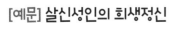

고사성어 실력이 쑥쑥!

[예문] 살신성인의 희생정신

45 삼고초려 三顧草廬

유비가 제갈량을 관직에 앉히기 위하여 제갈량의 누추한 초가집을 세 번 찾아갔다는 데서 유래한 말입니다. 인재를 맞아들이기 위해서는 유비가 초가집에 세 번 찾아간 것처럼 정성을 기울여야 한다는 의미로 사용합니다.

 다음 고사성어를 바르게 따라 써 보세요.

삼	고	초	려		삼	고	초	려			
삼	고	초	려		삼	고	초	려			

 다음 빈칸에 맞춰 따라 써 보세요.

초가집을 세 번 찾아가다.

 한 글자씩 알아봐요!

| 三 석 삼 | 顧 돌아볼 고 | 草 풀 초 | 廬 오두막 려 |

고사성어 실력이 쑥쑥!

[예문] 회사의 미래를 위해 삼고초려라도 해서 그분을 모셔와야 합니다.

46 새옹지마 塞翁之馬

옛날 중국 변방에 한 노인이 살았습니다. 어느날 노인이 기르던 말이 도망가 낙심했는데, 달아났던 말이 더 좋은 말을 데려와 노인이 기뻐했습니다. 그런데 그의 아들이 새로 얻은 말을 타다가 떨어져 다리가 부러지고 말았습니다. 노인이 낙심했으나 아들이 다리를 다친 덕에 전쟁에 나가지 않게 되어 노인은 크게 기뻐했다고 합니다. 새옹지마는 변방 노인의 말처럼 복이 화가 되기도 하고 화가 복이 되기도 하는 상황을 이르는 말입니다.

 다음 고사성어를 바르게 따라 써 보세요.

새	옹	지	마	새	옹	지	마		
새	옹	지	마	새	옹	지	마		

 다음 빈칸에 맞춰 따라 써 보세요.

복이 화가 되기도 하고 화가 복이 되기도 한다.

 한 글자씩 알아봐요!

塞 변방 새	翁 늙은이 옹	之 갈 지	馬 말 마

고사성어 실력이 쑥쑥!

[예문] 인간사는 새옹지마이다.

47 선견지명 先見之明

어떤 일이 일어나기 전에 미리 앞을 내다보고 아는 지혜를 말합니다. 선견지명이 뛰어나다는 것은 미래를 남보다 먼저 예측하고 예견하여 그에 대처할 수 있는 안목(眼目)을 갖추었다는 것이지요.

 다음 고사성어를 바르게 따라 써 보세요.

선	견	지	명	선	견	지	명		
선	견	지	명	선	견	지	명		

 다음 빈칸에 맞춰 따라 써 보세요.

앞날을 미리 내다보는 지혜

 한 글자씩 알아봐요!

先 먼저 선	見 볼 견	之 갈 지	明 밝을 명

고사성어 실력이 쑥쑥!

[예문] 그는 선견지명이 있어서 집값이 떨어지기 전에 집을 팔았다.

48 설상가상 雪上加霜

눈이 내리는 위에 서리까지 더한다는 뜻으로, 어려운 일이나 불행이 겹쳐서 일어남을 비유적으로 이르는 말입니다. 우리말 속담 중 '엎친 데 덮친 격'도 설상가상과 같은 힘들고 불행한 일이 잇따라 일어난다는 뜻으로 사용합니다.

 다음 고사성어를 바르게 따라 써 보세요. ✏️

설	상	가	상		설	상	가	상			
설	상	가	상		설	상	가	상			

 다음 빈칸에 맞춰 따라 써 보세요.

눈이 내리는 위에 서리까지 더한다.

 한 글자씩 알아봐요!

| 雪 눈 설 | 上 윗 상 | 加 더할 가 | 霜 서리 상 |

고사성어 실력이 쑥쑥!

[예문] 설상가상이라더니 늦게 일어났는데 차까지 밀리더라고.

55

49 소탐대실 小貪大失

중국 전국시대 촉나라에 욕심 많은 왕이 살았습니다. 호시탐탐 촉나라를 노리던 진나라에서 보석으로 만든 소를 선물로 보내준다고 하자 촉나라 왕은 빨리 선물을 받고 싶어서 몸소 진나라 사신을 마중나갔습니다. 그런데 갑자가 진나라 병사들이 무기를 꺼내 공격하였고, 촉나라 왕은 사로잡히고 말았습니다. 촉나라 왕의 소탐대실이 나라를 잃게 만든 것이지요. 소탐대실은 작은 것에 눈이 어두워져 큰 것을 잃는다는 뜻입니다.

 다음 고사성어를 바르게 따라 써 보세요.

소	탐	대	실	소	탐	대	실		
소	탐	대	실	소	탐	대	실		

 다음 빈칸에 맞춰 따라 써 보세요.

작은 것을 탐하다 큰 것을 잃는다.

 한 글자씩 알아봐요!

| 小 작을 소 | 貪 탐낼 탐 | 大 큰 대 | 失 잃을 실 |

고사성어 실력이 쑥쑥!

[예문] 눈앞의 이익에 집착하면 소탐대실할 수 있다.

50 수수방관 袖手傍觀

글자 그대로는 소매에 손을 넣고 옆에서 본다는 것이니 팔짱을 끼고 바라보기만 한다는 뜻입니다. 자신은 뒤로 빠진 채 간섭하거나 거들지 않고 되어가는 모습을 바라만 보는 것을 이르는 말입니다.

 다음 고사성어를 바르게 따라 써 보세요.

수	수	방	관		수	수	방	관			
수	수	방	관		수	수	방	관			

 다음 빈칸에 맞춰 따라 써 보세요.

팔짱을 끼고 보고만 있다.

 한 글자씩 알아봐요!

| 袖 소매 수 | 手 손 수 | 傍 곁 방 | 觀 볼 관 |

고사성어 실력이 쑥쑥!

[예문] 수수방관하고 있을 때가 아니다.

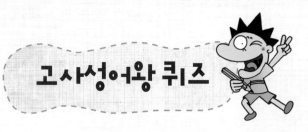

고사성어왕 퀴즈

1. 중국 변방에 사는 한 노인이 기르던 말이 도망 가 노인이 낙심했는데, 달아났던 말이 더 좋은 말을 데려왔습니다. 기쁨도 잠시 말을 타던 아들이 떨어져 다리가 부러지고 말았습니다. 그러나 그 덕에 아들이 전쟁에 나가지 않게 되자 노인이 기뻐했다고 합니다. 복이 화가 되기도 하고 화가 복이 되기도 한다는 뜻의 고사성어는 무엇일까요?

① 배은망덕 (背恩忘德)

② 새옹지마 (塞翁之馬)

③ 수수방관 (袖手傍觀)

④ 백발백중 (百發百中)

2. 다음 고사성어는 '눈이 내리는 위에 서리까지 더한다'를 뜻하는 말입니다. 오른쪽 빈칸에 알맞은 고사성어를 적으세요.

| ㅅ | ㅅ | ㄱ | ㅅ | ⇒ | | | | |

3. 다음 글의 빈칸에 맞는 고사성어는 무엇일까요?

유비가 제갈량의 누추한 초가집을 찾았으나 그는 집에 없었고, 이후 다시 찾았으나 역시 집에 없었습니다. 관우와 장비는 불만을 내뱉었으나 유비는 며칠 후 다시 그의 집을 찾아갔습니다. 유비가 자신의 누추한 초가집을 세 번이나 찾아온 ☐☐☐의 정성에 감동한 제갈량은 그의 신하가 되기로 결심하였고, 이후 큰 공을 세우게 됩니다.

1. ② 2. 설상가상 3. 삼고초려

정답

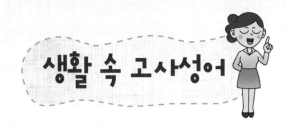

백문불여일견

🗣️ **백기남 선생님** "류현진 선수의 공이 얼마나 빠르고 강한지 알아보려면 어떻게 하면 좋을까요?"

😎 **눈팅이** "류현진 선수의 동료들에게 이야기를 들어보면 어떨까요?"

😆 **명필이** "류현진 선수가 자기 공이 얼마나 대단한지 자랑하는 이야기를 듣는다면 더 잘 알 수 있지 않을까요?"

😀 **안써니** "경기장에서 직접 시합을 보면 알 수 있죠."

🗣️ **백기남 선생님** "여러분 이야기들이 다 틀린 건 아니지만 가장 잘 아는 방법은 따로 있어요. 백문이 불여일견이라는 말을 떠올려보세요."

😆 **명필이** "아, 제가 타자가 돼서 류현진 선수의 공을 쳐보는 게 제일 확실하겠네요."

🗣️ **백기남 선생님** "맞아요. 다른 사람의 이야기를 듣거나 구경을 하는 것보다 타자가 되어 직접 경험해 보는 게 그 공의 위력을 가장 확실히 알 수 있는 방법이랍니다."

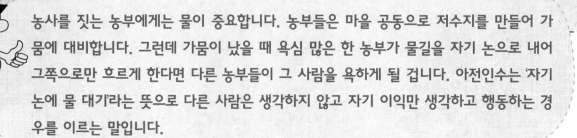

51 아전인수 我田引水

농사를 짓는 농부에게는 물이 중요합니다. 농부들은 마을 공동으로 저수지를 만들어 가뭄에 대비합니다. 그런데 가뭄이 났을 때 욕심 많은 한 농부가 물길을 자기 논으로 내어 그쪽으로만 흐르게 한다면 다른 농부들이 그 사람을 욕하게 될 겁니다. 아전인수는 '자기 논에 물 대기'라는 뜻으로 다른 사람은 생각하지 않고 자기 이익만 생각하고 행동하는 경우를 이르는 말입니다.

 다음 고사성어를 바르게 따라 써 보세요.

아	전	인	수		아	전	인	수		
아	전	인	수		아	전	인	수		

 다음 빈칸에 맞춰 따라 써 보세요.

자기 논에 물 대기

 한 글자씩 알아봐요!

| 我 나아 | 田 밭전 | 引 끌인 | 水 물수 |

고사성어 실력이 쑥쑥!

[영어] Every miller draws water to his own mill. (모든 방앗간 주인이 자기 방아로 물을 끌어온다.)

52 안빈낙도 安貧樂道

안빈낙도는 가난해도 편안하게 도를 즐기는 자세를 뜻합니다. 공자는 제자들에게 '안빈 낙도' 정신을 강조했다고 합니다. 특히 공자의 제자 중 안회는 쌀뒤주가 비는 일이 많을 만큼 가난했는데도 외부 환경을 탓하거나 자신의 처지를 비관하지 않고 도를 실천했다 고 합니다. 안빈낙도 정신은 조선시대 선비들이 쓴 글에서도 많이 드러나고 있습니다.

 다음 고사성어를 바르게 따라 써 보세요. ✏️

안	빈	낙	도		안	빈	낙	도			
안	빈	낙	도		안	빈	낙	도			

 다음 빈칸에 맞춰 따라 써 보세요.

가난하게 살면서도 편안한 마음으로 도를 즐긴다.

 한 글자씩 알아봐요!

安 편안 안   貧 가난할 빈   樂 즐길 낙   道 길 도

고사성어 실력이 쑥쑥!

[예문] 나는 바쁜 도시 생활에서 벗어나 시골에서 안빈낙도하며 살고 싶다.

53 안하무인 眼下無人

옛날 어느 부부가 늦게 얻은 아들을 귀히 여겨 원하는 것은 무엇이든 들어주었습니다. 그러다 보니 아들이 제멋대로 자라 어른이 되어서도 방탕하게 보냈다고 합니다. 이에 부부는 뒤늦게 후회하며 "아들을 잘못 길러 눈 아래 사람이 아무도 없는 것처럼 구는구나." 하고 후회했다고 합니다. 눈 아래 사람이 없는 것처럼 행동한다는 것은 그만큼 교만하고 남을 업신여긴다는 것이지요.

 다음 고사성어를 바르게 따라 써 보세요.

안	하	무	인		안	하	무	인		
안	하	무	인		안	하	무	인		

 다음 빈칸에 맞춰 따라 써 보세요.

눈 아래에 사람이 없다.

 한 글자씩 알아봐요!

| 眼 눈 안 | 下 아래 하 | 無 없을 무 | 人 사람 인 |

고사성어 실력이 쑥쑥!

[예문] 사람이 돈을 좀 벌더니 안하무인이 되었다.

54 어부지리 漁夫之利

 어부가 이익을 얻었다는 뜻의 어부지리는 황새와 조개가 다투는 틈을 타서 어부가 둘 다 잡았다는 고사에서 유래한 말입니다. 두 사람이 다투고 있는 사이에 이 일과 아무 관계가 없는 제삼자가 이익을 보게 되는 상황에 사용합니다.

 다음 고사성어를 바르게 따라 써 보세요.

어	부	지	리		어	부	지	리		
어	부	지	리		어	부	지	리		

 다음 빈칸에 맞춰 따라 써 보세요.

두 사람이 다투는 사이 제삼자가 이득을 챙긴다.

 한 글자씩 알아봐요!

漁 고기 잡을 어   夫 지아비 부   之 갈 지   利 이로울 리

고사성어 실력이 쑥쑥!

[예문] 두 선수가 탈락하는 바람에 그가 어부지리로 우승했다.

55 언중유골 言中有骨

말 속에 뼈가 있다는 것은 부드러운 말 속에 분명하고도 핵심적인 뜻이 담겨 있다는 뜻입니다. 꼭 해야 할 말이나 뜻을 부드러운 말 속에 담아 비유적으로 전할 때, 처음에는 농담같이 들릴 수 있지만 잘 생각해 보면 비판적인 뜻이나 진담이 담겨 있을 때 이 표현을 씁니다.

 다음 고사성어를 바르게 따라 써 보세요. ✏️

언	중	유	골		언	중	유	골			
언	중	유	골		언	중	유	골			

 다음 빈칸에 맞춰 따라 써 보세요.

말 속에 뼈가 있다.

 한 글자씩 알아봐요!

言 말씀 언   中 가운데 중   有 있을 유   骨 뼈 골

고사성어 실력이 쑥쑥!

[예문] 선생님의 지적은 흘려들어서는 안 될 언중유골이었다.

56 언행일치 言行一致

말과 행동이 일치한다는 것은 곧 자신이 말한 것을 행동에 옮긴다는 뜻입니다.
온갖 약속을 다하고 막상 행동하지 않는다면 인간의 도리가 아니겠지요.
한 번 한 말에 대해서는 반드시 지키려고 노력해야 합니다.

 다음 고사성어를 바르게 따라 써 보세요.

언	행	일	치		언	행	일	치			
언	행	일	치		언	행	일	치			

 다음 빈칸에 맞춰 따라 써 보세요.

말과 행동이 일치한다.

 한 글자씩 알아봐요!

言 말씀 언	行 행동 행	一 한 일	致 이를 치

고사성어 실력이 쑥쑥!

[비슷한 말] 학행일치(學行一致)

57 역지사지 易地思之

상대방과 입장을 바꿔 생각해 보는 걸 말합니다.
사람들이 다투는 이유는 자기주장만 내세우기 때문이겠지요.
모두가 상대방과 처지를 바꾸어 생각해 본다면 더 이상 서로를 오해하지 않게 될 겁니다.

 다음 고사성어를 바르게 따라 써 보세요. ✏️

역	지	사	지		역	지	사	지			
역	지	사	지		역	지	사	지			

 다음 빈칸에 맞춰 따라 써 보세요.

처지를 바꾸어 생각하여 보다.

 한 글자씩 알아봐요!

| 易 바꿀 역 | 地 땅 지 | 思 생각 사 | 之 갈 지 |

고사성어 실력이 쑥쑥!

[반대말] 아전인수(我田引水)

58 오리무중 五里霧中

사방 오 리를 안개가 덮고 있어 앞이 안 보인다는 뜻입니다.
안개 때문에 앞이 안 보인다는 것은 무슨 일에 대하여 방향이나 상황을 알 길이 없거나
일의 갈피를 잡기 어려운 상황이라는 말입니다.

 다음 고사성어를 바르게 따라 써 보세요.

오	리	무	중		오	리	무	중			
오	리	무	중		오	리	무	중			

 다음 빈칸에 맞춰 따라 써 보세요.

사방 오 리를 덮은 안개 속

 한 글자씩 알아봐요!

| 五 다섯 오 | 里 마을 리 | 霧 안개 무 | 中 가운데 중 |

고사성어 실력이 쑥쑥!

....
[예문] 범인의 행방이 오리무중이다.

59 오비이락 烏飛梨落

까마귀 날자 배 떨어진다는 속담을 한자로 표현하면 오비이락입니다.
까마귀가 나는 것과 배가 떨어지는 일은 아무런 관계도 없는데 우연히 동시에 일어나
억울하게 의심을 받거나 난처한 위치에 서게 됨을 이르는 말입니다.

 다음 고사성어를 바르게 따라 써 보세요.

오	비	이	락		오	비	이	락			
오	비	이	락		오	비	이	락			

 다음 빈칸에 맞춰 따라 써 보세요.

까마귀 날자 배 떨어진다.

 한 글자씩 알아봐요!

烏 까마귀 오   飛 날 비   梨 배나무 이   落 떨어질 락

고사성어 실력이 쑥쑥!

[비슷한 말] 도둑을 맞으려면 개도 안 짖는다.

60 오십보백보 五十步百步

오십 보나 백 보나 조금 낫고 못한 정도의 차이는 있으나 본질적으로는 차이가 없다는 말입니다. 이 고사성어는 중국 양나라 시대에 맹자가 혜왕에게 한 다음 말에서 유래되었다고 합니다.

"전쟁에 패하여 어떤 자는 백 보를 어떤 자는 오십 보를 도망갔다면 백 보를 물러간 사람이나 오십 보를 물러간 사람이나 도망한 것에는 둘다 차이가 없습니다."

 다음 고사성어를 바르게 따라 써 보세요.

오	십	보	백	보		오	십	보	백	보	
오	십	보	백	보		오	십	보	백	보	

 다음 빈칸에 맞춰 따라 써 보세요.

오십 보 도망간 것이나 백 보 도망간 것이나 같다.

 한 글자씩 알아봐요!

五 다섯 오	十 열 십	步 걸음 보	百 일백 백	步 걸음 보

고사성어 실력이 쑥쑥!

[예문] 49등이나 50등이나 오십보백보다.

61 오합지졸 烏合之卒

까마귀 떼가 모여 있는 것을 본 적이 있나요? 까마귀는 질서 없이 어지러이 모여 있다고 합니다. 이 말이 처음 사용되었을 때는 훈련받지 못한 군대의 병사들이 까마귀 떼처럼 모여 있다고 해서 나온 표현입니다. 오늘날에는 규율이 없고 무질서한 군중을 이르는 말로 쓰입니다.

 다음 고사성어를 바르게 따라 써 보세요.

오	합	지	졸		오	합	지	졸			
오	합	지	졸		오	합	지	졸			

 다음 빈칸에 맞춰 따라 써 보세요.

까마귀가 모인 것처럼 질서 없이 모인 군대

 한 글자씩 알아봐요!

| 烏 까마귀 오 | 合 합할 합 | 之 갈 지 | 卒 군사 졸 |

고사성어 실력이 쑥쑥!
[예문] 이 모임의 성격을 한마디로 말하면 오합지졸이라고 할 수 있다.

62 외유내강 外柔內剛

사람들 중에는 아주 약하고 부드러워 보이지만 내면은 대단히 강한 의지의 소유자가 있습니다. 이런 사람을 외유내강이라고 하지요. 반대로 겉으로는 강해 보이지만 실제로는 유약한 성격을 지닌 사람은 외강내유(外剛內柔)라고 할 수 있겠지요.

 다음 고사성어를 바르게 따라 써 보세요.

외	유	내	강	외	유	내	강			
외	유	내	강	외	유	내	강			

 다음 빈칸에 맞춰 따라 써 보세요.

겉은 부드러우나 안은 대단히 강하다.

 한 글자씩 알아봐요!

外 바깥 외	柔 부드러울 유	內 안 내	剛 굳셀 강

고사성어 실력이 쑥쑥!

[예문] 엉성함 속의 철저함…무서운 외유내강 영국인 (출처 : 〈연합뉴스〉 2013년 10월 21일 월)

63 용두사미 | 龍頭蛇尾

용의 머리에 뱀의 꼬리라는 뜻입니다. 상상의 동물인 용은 거대한 뱀의 모양입니다. 머리를 시작, 꼬리를 끝이라고 본다면 용의 머리로 시작해서 뱀의 꼬리로 끝난다는 것은 시작은 좋았으나 갈수록 나빠지거나 흐지부지되는 것을 이르는 말입니다.

 다음 고사성어를 바르게 따라 써 보세요. ✏️

용	두	사	미	용	두	사	미		
용	두	사	미	용	두	사	미		

 다음 빈칸에 맞춰 따라 써 보세요.

용의 머리에 뱀의 꼬리

 한 글자씩 알아봐요!

| 龍 용 용 | 頭 머리 두 | 蛇 긴 뱀 사 | 尾 꼬리 미 |

고사성어 실력이 쑥쑥!

[예문] 그 계획은 용두사미로 끝났다.

64 용호상박 龍虎相搏

용과 호랑이가 싸운다는 뜻입니다. 여기에 나오는 용과 호랑이는 모두 강한 동물입니다. 용과 호랑이처럼 강한 상대가 서로 승패를 다투는 상황에 쓰이는 말입니다.

 다음 고사성어를 바르게 따라 써 보세요.

용	호	상	박		용	호	상	박			
용	호	상	박		용	호	상	박			

 다음 빈칸에 맞춰 따라 써 보세요.

용과 호랑이가 싸운다.

 한 글자씩 알아봐요!

| 龍 용 용 | 虎 범 호 | 相 서로 상 | 搏 두드릴 박 |

고사성어 실력이 쑥쑥!

....
[비슷한 말] 양웅상쟁(兩雄相爭, 두 영웅이 벌이는 싸움)

65 우공이산 愚公移山

이 고사성어는 옛날에 우공이라는 노인이 집을 가로막고 있는 산을 옮기려고 산의 흙을 파서 나르며 "내가 죽는 날까지 이 일을 하다 보면 언젠가 옮길 것이오."라고 말한 데서 유래합니다.

우공이 산을 옮긴다는 말은 남이 보기엔 어리석은 일처럼 보이지만 한 가지 일을 끝까지 밀고 나가면 언젠가 목적을 달성할 수 있다는 뜻으로 쓰입니다.

 다음 고사성어를 바르게 따라 써 보세요.

우	공	이	산		우	공	이	산		
우	공	이	산		우	공	이	산		

 다음 빈칸에 맞춰 따라 써 보세요.

우공이 산을 옮긴다.

 한 글자씩 알아봐요!

愚 어리석을 우	公 공평할 공	移 옮길 이	山 뫼 산

고사성어 실력이 쑥쑥!

[예문] 나는 언제나 우공이산이라는 말을 마음속에 두고 일한다.

66 우유부단 優柔不斷

너무 부드러워 맺고 끊지 못한다는 뜻입니다. 사람이나 그 성격, 태도 따위가 어물거리며 망설이기만 하고 결단력이 부족한 것을 말합니다.
유약해서 결단력이 없는 사람을 두고 우유부단한 성격을 가졌다고 합니다.

 다음 고사성어를 바르게 따라 써 보세요. ✏️

우	유	부	단		우	유	부	단			
우	유	부	단		우	유	부	단			

 다음 빈칸에 맞춰 따라 써 보세요. 🖋️

어물어물하기만 하고 결단력이 없다.

 한 글자씩 알아봐요!

優 넉넉할 우   柔 부드러울 유   不 아닐 부   斷 끊을 단

고사성어 실력이 쑥쑥!

[예문] 나는 나의 우유부단한 성격이 늘 불만이다.

75

67 우이독경 牛耳讀經

소 귀에 경 읽기란 뜻입니다. '경'은 글이나 책인데 소가 글을 모르니 책을 읽어준다고 해서 알아들을 리가 없겠지요. 소 귀에 경을 읽어봐야 소용이 없듯 어리석은 사람은 아무리 가르치고 일러주어도 알아듣지 못함을 이르는 말입니다.

 다음 고사성어를 바르게 따라 써 보세요. ✏️

우	이	독	경	우	이	독	경		
우	이	독	경	우	이	독	경		

 다음 빈칸에 맞춰 따라 써 보세요. 🖋️

소 귀에 경 읽기

 한 글자씩 알아봐요!

牛 소우	耳 귀이	讀 읽을 독	經 책 경

고사성어 실력이 쑥쑥!

[예문] 그 사람은 고집이 워낙 세서 네가 아무리 말해도 우이독경일거야.

68 유비무환 有備無患

준비를 하면 걱정할 것이 없다는 뜻입니다.
중국 춘추시대 진나라의 위강이라는 신하가 임금에게 "예로부터 평안할 때 위태로움을 생각하고 미리 준비해 둔다면 훗날 걱정이 없을 거라고 했으니 폐하께서도 그것을 잊지 마십시오."라고 말한 데서 유래한 것입니다.

 다음 고사성어를 바르게 따라 써 보세요.

유	비	무	환		유	비	무	환		
유	비	무	환		유	비	무	환		

 다음 빈칸에 맞춰 따라 써 보세요.

미리 준비를 하면 걱정할 것이 없다.

 한 글자씩 알아봐요!

| 有 있을 유 | 備 갖출 비 | 無 없을 무 | 患 근심 환 |

고사성어 실력이 쑥쑥!

[영어] Better safe than sorry. (나중에 후회하는 것보다 조심하는 것이 낫다.)

69 유유상종 類類相從

같은 무리끼리 서로 따르고 좋는다는 뜻으로, 사람이나 동물은 같은 집단끼리 서로 사귀게 되어 있다는 말입니다. "세상에 모든 물건들은 그 성질이 비슷한 것들끼리 모이고, 만물은 무리를 지어 나뉜다. 세상의 길흉화복은 여기서 나온다."라는 말에서 유래했으나 좋은 의미로 쓰이지는 않습니다. "끼리끼리 노는군. 유유상종이라더니"와 같이 비슷한 사람들끼리 어울리는 걸 비꼬며 말할 때 사용한답니다.

 다음 고사성어를 바르게 따라 써 보세요.

유	유	상	종		유	유	상	종			
유	유	상	종		유	유	상	종			

 다음 빈칸에 맞춰 따라 써 보세요.

같은 무리끼리 서로 사귄다.

한 글자씩 알아봐요!

| 類 무리 유 | 類 무리 유 | 相 서로 상 | 從 좋을 종 |

고사성어 실력이 쑥쑥!
....
[영어] Birds of a feather flock together. (날개가 같은 새들이 함께 모인다.)

70 의기양양 意氣揚揚

뜻한 바를 이루어 우쭐거리며 뽐내는 모양을 말합니다.

이때의 양(揚)은 오르다, 올리다와 같은 의미로 뜻(意)과 기운(氣)이 하늘 높이 오르는 모양을 나타내는 것입니다.

하늘로 높이 오르는 모양은 우쭐거리며 뽐내는 것과 같은 모양이지요.

 다음 고사성어를 바르게 따라 써 보세요.

의	기	양	양		의	기	양	양			
의	기	양	양		의	기	양	양			

 다음 빈칸에 맞춰 따라 써 보세요.

뜻한 바를 이루어 우쭐거리며 뽐내는 모양

 한 글자씩 알아봐요!

| 意 뜻 의 | 氣 기운 기 | 揚 오를 양 | 揚 오를 양 |

고사성어 실력이 쑥쑥!

[예문] 그는 경주에서 이겨서 의기양양했다.

71 이구동성 異口同聲

입은 다르나 목소리가 같다는 뜻으로 여러 사람의 말이 한결같다는 말입니다.
여기서 '입이 다르다'의 입(口)은 의미를 확대하여 사람이라는 의미로 쓰인 것입니다.
식구, 인구에서 쓰는 '구'자도 입 '구'자이지요.

 다음 고사성어를 바르게 따라 써 보세요.

이	구	동	성		이	구	동	성		
이	구	동	성		이	구	동	성		

 다음 빈칸에 맞춰 따라 써 보세요.

여러 사람의 말이 한결같다.

 한 글자씩 알아봐요!

異 다를 이   口 입 구   同 같을 동   聲 소리 성

고사성어 실력이 쑥쑥!

[예문] 모든 사람이 그를 이구동성으로 칭찬한다.

72 이심전심 以心傳心

마음에서 마음으로 전한다는 뜻의 이심전심은 석가와 제자들의 대화에서 유래한 말입니다. 석가가 어느 날 제자들을 불러 모아 아무 말 없이 손가락으로 연꽃 한 송이를 집어 들고는 약간 비틀어 보였습니다. 제자들은 그것이 무슨 의미인지 몰랐으나 한 제자가 그 뜻을 알아차리고 싱긋 웃었다고 합니다. 말하지 않아도 아는 것. 그럴 때 이심전심이라고 하는 겁니다.

 다음 고사성어를 바르게 따라 써 보세요.

이	심	전	심		이	심	전	심			
이	심	전	심		이	심	전	심			

 다음 빈칸에 맞춰 따라 써 보세요.

마음과 마음으로 서로 뜻이 통하다.

 한 글자씩 알아봐요!

| 以 써 이 | 心 마음 심 | 傳 전할 전 | 心 마음 심 |

고사성어 실력이 쑥쑥!

[예문] 오래 산 부부는 말하지 않아도 이심전심으로 안다.

73 일석이조 一石二鳥

돌 하나를 던져 새 두 마리를 맞추어 떨어뜨린다는 뜻으로 한 가지 일을 해서 두 가지 이익을 한꺼번에 본다는 말입니다. 우리말 속담 중 '도랑 치고 가재 잡는다'도 적은 노력으로 큰 성과를 거둔다는 뜻입니다.

 다음 고사성어를 바르게 따라 써 보세요. ✏️

일	석	이	조	일	석	이	조			
일	석	이	조	일	석	이	조			

 다음 빈칸에 맞춰 따라 써 보세요.

돌 하나를 던져 새 두 마리를 잡는다.

 한 글자씩 알아봐요!

一 한일	石 돌석	二 두이	鳥 새조

고사성어 실력이 쑥쑥!

[비슷한 말] 일거양득(一擧兩得)　[영어] killing two birds with one stone.

74 일장춘몽 一場春夢

글자 그대로는 한바탕의 봄꿈이라는 뜻입니다. 옛날 이야기에 나오는 꿈(夢)은 주로 인생의 허무함에 대한 것입니다. 술에 취해 잠을 청했는데 꿈 속에서 호의호식, 부귀영화를 누렸는데 꿈에서 깨어 보니 자기 집이었다는 경우가 많습니다.

현실에서 굉장히 부자가 되었다가 한순간에 가난해지는 경우가 있지요. 이럴 때 "인생은 일장춘몽같다."고 말한답니다.

 다음 고사성어를 바르게 따라 써 보세요.

일	장	춘	몽	일	장	춘	몽			
일	장	춘	몽	일	장	춘	몽			

 다음 빈칸에 맞춰 따라 써 보세요.

한바탕의 봄꿈처럼 인생은 덧없다.

 한 글자씩 알아봐요!

一 한일	場 마당장	春 봄춘	夢 꿈몽

고사성어 실력이 쑥쑥!

[비슷한 말] 남가일몽(南柯一夢)

83

고사성어왕 퀴즈

1. 친구들을 대할 때 아무리 마음에 들지 않고 화가 나는 일이 있어도 역지사지한다면, 친구의 마음을 좀더 이해할 수 있을 거예요. 그런데 다음 고사성어 중에서 역지사지와 반대의 의미를 가진 것이 있습니다. 어떤 것일까요?

   ① 아전인수 (我田引水)

   ② 고진감래 (苦盡甘來)

   ③ 살신성인 (殺身成仁)

   ④ 관포지교 (管鮑之交)

2. 다음 고사성어는 '까마귀 날자 배 떨어진다'는 말입니다. 오른쪽 빈칸에 알맞은 고사성어를 적으세요.

3. 다음 글의 빈칸에 맞는 고사성어는 무엇일까요?

   우공(愚公)이라는 노인이 집을 가로막은 산을 옮기려고 대대로 산의 흙을 파서 나르겠다고 하여 이에 감동한 하느님이 산을 옮겨 주었다고 하지요. 우공이 산을 옮기듯 어떤 일이든 ☐☐☐☐ 이라는 말을 마음속에 품고 꾸준히 노력한다면 못할 일이 없을 거예요.

정답

1. ① 2. 오비이락 3. 우공이산

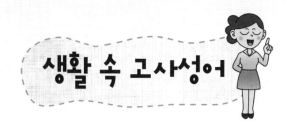

용두사미

눈팅이	"선생님, 방학 학습계획표 그려왔어요. 검사해 주세요."
서보라 선생님	"어디 보자, 눈팅이는 방학 첫날부터 공부 강행군이구나. 아침 먹고 공부, 점심 먹고 공부, 저녁 먹고 공부……. 너무 무리하게 잡으면 용두사미가 될 수 있단다."
눈팅이	"용두사미요? 용 머리에 뱀 꼬리? 제가 괴물이 되는 건가요?"
서보라 선생님	"하하하! 그게 아니라 시작은 그럴듯한데 끝이 흐지부지될 수 있다는 말이지. 이렇게 하다가는 결국 지쳐서 아예 공부를 안 하는 날들이 많아질 거야."
명필이	"선생님, 전 그럴까봐 하루에 한 시간씩만 공부할려고요."
안써니	저는 맘껏 뛰어노는 날도 계획에 넣었어요. 물론 공부 열심히 하는 날도 있고요."
서보라 선생님	"다들 잘했어. 눈팅이도 실천 가능한 계획을 세우자."

75 자포자기 自暴自棄

절망에 빠져 자신을 학대하며 돌보지 않는다는 뜻입니다.
자포자기하는 사람은 자신을 해치고 버리며 몸가짐이나 행동을 되는 대로 취하게 됩니다. 비슷한 말로 포기(暴棄), 단념(斷念) 등이 있습니다.

 다음 고사성어를 바르게 따라 써 보세요.

자	포	자	기		자	포	자	기			
자	포	자	기		자	포	자	기			

 다음 빈칸에 맞춰 따라 써 보세요.

자신을 스스로 해치고 버리다.

 한 글자씩 알아봐요!

自 스스로 자   暴 사나울 포   自 스스로 자   棄 버릴 기

고사성어 실력이 쑥쑥!

[예문] 될 대로 되라지 하는 자포자기의 감정에 그는 이 일을 포기했다.

76 적반하장 賊反荷杖

도둑이 도리어 매를 든다는 뜻으로, 잘못한 사람이 아무 잘못도 없는 다른 사람을 나무라는 경우에 쓰는 말입니다. 비슷한 말로 주객전도(主客顚倒)라는 말이 있는데, 주인과 손님이 서로 뒤바뀐다는 의미입니다.

 다음 고사성어를 바르게 따라 써 보세요. ✏️

적	반	하	장		적	반	하	장			
적	반	하	장		적	반	하	장			

 다음 빈칸에 맞춰 따라 써 보세요.

잘못한 사람이 오히려 남을 탓한다.

 한 글자씩 알아봐요!

| 賊 도둑 적 | 反 돌이킬 반 | 荷 꾸짖을 하 | 杖 지팡이 장 |

고사성어 실력이 쑥쑥!

[예문] 적반하장도 유분수지, 나를 도둑으로 몰다니 어이가 없다.

77 조삼모사 朝三暮四

원숭이를 기르는 저공이라는 사람이 원숭이 먹이인 도토리를 구하기 어려워지자 원숭이들에게 이렇게 말했습니다. "이제부터는 도토리를 아침에 세 개, 저녁에 네 개씩 줄게." 그러자 원숭이들이 반발하고 나섰습니다. 이에 저공이 "그럼 아침에 네 개, 저녁에 세 개씩 줄게."라고 하자 원숭이들이 좋아했다고 합니다. '3+4'와 '4+3'은 똑같이 7인데 원숭이들이 속은 거죠. 이처럼 간사한 꾀를 써서 남을 속이는 경우를 이르는 말입니다.

 다음 고사성어를 바르게 따라 써 보세요.

조	삼	모	사		조	삼	모	사		
조	삼	모	사		조	삼	모	사		

 다음 빈칸에 맞춰 따라 써 보세요.

간사한 꾀로 남을 속이다.

 한 글자씩 알아봐요!

| 朝 아침 조 | 三 석 삼 | 暮 저물 모 | 四 넉 사 |

고사성어 실력이 쑥쑥!
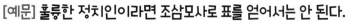

[예문] 훌륭한 정치인이라면 조삼모사로 표를 얻어서는 안 된다.

78 주경야독 晝耕夜讀

낮에는 농사 짓고 밤에는 공부한다는 뜻으로, 바쁜 틈을 타서 어렵게 공부하는 것을 말합니다. 어려운 여건 속에서 열심히 공부하는 사람을 칭찬할 때 쓰는 말입니다. 비슷한 말로 형설지공(螢雪之功)이 있습니다.

 다음 고사성어를 바르게 따라 써 보세요. ✏️

주	경	야	독		주	경	야	독			
주	경	야	독		주	경	야	독			

 다음 빈칸에 맞춰 따라 써 보세요.

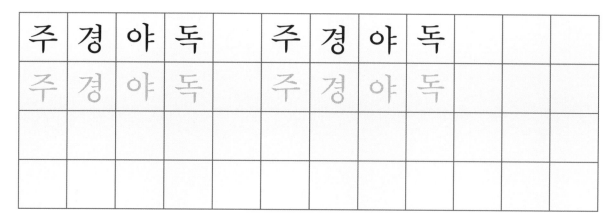

낮에는 농사 짓고 밤에는 공부한다.

 한 글자씩 알아봐요!

| 晝 낮 주 | 耕 밭갈 경 | 夜 밤 야 | 讀 읽을 독 |

고사성어 실력이 쑥쑥!

[예문] 소설가 신경숙은 주경야독하는 여공이었다. (출처 : SBS〈힐링캠프, 기쁘지 아니한가〉2013년 11월 11일 방송)

79 죽마고우 竹馬故友

대나무 말을 타고 놀던 옛 친구라는 뜻으로, 어릴 때부터 가까이 지내며 자란 오랜 친구를 이르는 말입니다. 요즘으로 치면 유치원 때부터 함께 다니던 친구를 어른이 된 후 죽마고우라고 부를 수 있습니다.

 다음 고사성어를 바르게 따라 써 보세요. ✏️

죽	마	고	우		죽	마	고	우			
죽	마	고	우		죽	마	고	우			

 다음 빈칸에 맞춰 따라 써 보세요.

어릴 때부터 가까이 지낸 오랜 친구

 한 글자씩 알아봐요!

| 竹 대죽 | 馬 말마 | 故 옛고 | 友 벗우 |

고사성어 실력이 쑥쑥!

[예문] 누구나 죽마고우 한 사람은 있는 법이다.

저절로 외워지는 신기한 고사성어 따라 쓰기

80 지록위마 指鹿爲馬

사슴을 가리켜 말이라고 한다는 뜻으로, 사실이 아닌 것을 사실로 만들어 억지로 우긴다는 말입니다. 윗사람을 속이고 권세를 휘두르는 경우에도 쓰입니다.

비슷한 말로 혹세무민(惑世誣民)이 있습니다.

 다음 고사성어를 바르게 따라 써 보세요. ✏️

지	록	위	마		지	록	위	마			
지	록	위	마		지	록	위	마			

 다음 빈칸에 맞춰 따라 써 보세요. 🖋️

남을 속어서 자기 맘대로 일을 하다.

 한 글자씩 알아봐요!

指 가리킬 지   鹿 사슴 록   爲 하 위   馬 말 마

고사성어 실력이 쑥쑥!

....
[예문] 지록위마의 우를 범하지 말기 바란다.

81 지피지기 知彼知己

적을 알고 나를 알아야 한다는 뜻으로, 적과 나의 형편을 자세히 알아야 한다는 말입니다. 적을 알고 나를 알면 백 번을 싸워도 결코 위태롭지 않다는 지피지기 백전불태(知彼知己 百戰不殆)라는 말로 흔히 쓰입니다.

 다음 고사성어를 바르게 따라 써 보세요.

지	피	지	기		지	피	지	기			
지	피	지	기		지	피	지	기			

 다음 빈칸에 맞춰 따라 써 보세요.

적을 알고 나를 알다.

 한 글자씩 알아봐요!

| 知 알지 | 彼 저피 | 知 알지 | 己 몸기 |

고사성어 실력이 쑥쑥!

[예문] 싸움의 기본은 지피지기를 잘하는 것이다.

82 천고마비 天高馬肥

하늘이 높고 말이 살찐다는 뜻으로, 하늘이 맑아 높푸르게 보이고 온갖 곡식이 익는 가을철을 이르는 말입니다. 원래는 고대 중국 북방에 사는 흉노족이 겨울을 앞두고 따뜻한 농경 생활을 하는 중국으로 식량을 약탈하러 오는 것을 걱정하며 하던 말이라고 합니다.

 다음 고사성어를 바르게 따라 써 보세요.

천	고	마	비		천	고	마	비			
천	고	마	비		천	고	마	비			

 다음 빈칸에 맞춰 따라 써 보세요.

하늘이 높아 보이고 말은 살찐다.

 한 글자씩 알아봐요!

| 天 하늘 천 | 高 높을 고 | 馬 말 마 | 肥 살찔 비 |

고사성어 실력이 쑥쑥!

[예문] 천고마비의 계절, 가을이 되니 나도 살이 찌는 것 같다.

83 천리안 千里眼

천 리 밖을 보는 눈이란 뜻입니다. 천 리(里)는 392킬로미터쯤 되는 거리입니다.
실제로 먼 곳을 보는 능력이 아니라 사물을 꿰뚫어 보는 힘이나 먼 데서 일어난 일을 감
지하는 능력을 말할 때 쓰입니다.

 다음 고사성어를 바르게 따라 써 보세요. ✏️

천	리	안		천	리	안		천	리	안	
천	리	안		천	리	안		천	리	안	

 다음 빈칸에 맞춰 따라 써 보세요.

천	리	밖을	보는	눈

 한 글자씩 알아봐요!

千 일천 천   里 마을 리   眼 눈 안

고사성어 실력이 쑥쑥!
....
[예문] 내가 놀이터에 갔다 온 걸 아시는 엄마는 천리안을 가지셨나 봐.

84 천생연분 天生緣分

 하늘이 미리 정하여 준 인연이라는 뜻입니다. 하늘이 내려주어 인간이 어떻게 할 수 없는 남녀 사이의 연분 또는 서로 부부 관계를 맺을 수 있도록 하늘이 미리 정해준 잘 어울리는 한 쌍의 부부를 가리키기도 합니다.

 다음 고사성어를 바르게 따라 써 보세요. ✏️

천	생	연	분		천	생	연	분			
천	생	연	분		천	생	연	분			

 다음 빈칸에 맞춰 따라 써 보세요.

하늘이 정하여 준 인연

 한 글자씩 알아봐요!

天 하늘 천   生 날 생   緣 인연 연   分 나눌 분

고사성어 실력이 쑥쑥!
....
[영어] The couple are a match made in heaven. (그 부부는 천생연분이다.)

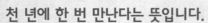

85 천재일우 千載一遇

천 년에 한 번 만난다는 뜻입니다.

천 년에 한 번이니 어마어마하지요? 좀처럼 얻기 어려운 좋은 기회를 이르는 말입니다.

비슷한 말로 물실호기(勿失好機)가 있습니다. 이 말은 절호의 기회라는 뜻입니다.

 다음 고사성어를 바르게 따라 써 보세요.

천	재	일	우		천	재	일	우			
천	재	일	우		천	재	일	우			

 다음 빈칸에 맞춰 따라 써 보세요.

좀처럼 얻기 힘든 좋은 기회

 한 글자씩 알아봐요!

千 일천 천	載 실을 재	一 한 일	遇 만날 우

고사성어 실력이 쑥쑥!

[예문] 천재일우의 기회이니 절대 놓치면 안 된다.

86 철면피 鐵面皮

쇠처럼 두꺼운 낯가죽이라는 뜻입니다.
정말로 쇠와 같은 얼굴 피부를 가진 사람은 없겠지만 뻔뻔스럽고 염치없는 사람을 이르는 말로 쓰입니다. 비슷한 말로 후안무치(厚顔無恥)가 있습니다.

 다음 고사성어를 바르게 따라 써 보세요. ✏️

철	면	피		철	면	피		철	면	피	
철	면	피		철	면	피		철	면	피	

 다음 빈칸에 맞춰 따라 써 보세요. 🖋️

부끄러움을 모르는 뻔뻔스러운 사람

 한 글자씩 알아봐요!

| 鐵 쇠 철 | 面 낯 면 | 皮 가죽 피 |

고사성어 실력이 쑥쑥!

[예문] 죄를 짓고도 저렇게 당당하다니 철면피가 틀림없다.

87 청출어람 靑出於藍

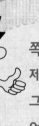

쪽에서 뽑아낸 푸른 물감이 쪽보다 더 푸르다는 뜻으로, 쪽은 푸른 색의 풀 이름입니다. 제자가 스승보다 나은 것을 비유하는 말인 청출어람은 중국의 사상가 순자가 쓴 "학문을 그쳐서는 안 된다. 푸른 빛은 쪽에서 취했지만 그보다 더욱 푸르고 얼음은 물이 변해 되었으나 물보다 더욱 차다."라는 글에서 유래되었습니다. 학문을 계속하면 스승을 능가하는 깊이를 가진 제자가 나타날 수도 있다는 의미입니다.

 다음 고사성어를 바르게 따라 써 보세요.

청	출	어	람	청	출	어	람		
청	출	어	람	청	출	어	람		

 다음 빈칸에 맞춰 따라 써 보세요.

스승보다 뛰어난 제자

 한 글자씩 알아봐요!

靑 푸를 청	出 날 출	於 어조사 어	藍 쪽 람

고사성어 실력이 쑥쑥!

[예문] 청출어람인 제자를 만나는 것은 스승의 큰 보람이다.

88 초지일관 初志一貫

처음에 세운 뜻을 이루려고 끝까지 밀고 나간다는 뜻입니다.

비슷한 말로 시종일관(始終一貫)과 수미일관(首尾一貫)이 있습니다. 초지일관은 이 중에서 가장 의지가 강한 말입니다.

 다음 고사성어를 바르게 따라 써 보세요.

초	지	일	관		초	지	일	관			
초	지	일	관		초	지	일	관			

 다음 빈칸에 맞춰 따라 써 보세요.

처음의 뜻대로 끝까지 나아간다.

 한 글자씩 알아봐요!

| 初 처음 초 | 志 뜻 지 | 一 한 일 | 貫 꿸 관 |

고사성어 실력이 쑥쑥!

[예문] 성공하려거든 **초지일관** 노력해야 한다.

89 촌철살인 寸鐵殺人

한 치(손가락 한 개 폭)밖에 안 되는 작고 날카로운 쇠붙이로 사람을 죽일 수 있다는 뜻입니다. 실제로 사람을 찔러 죽이는 경우에 쓰이는 것이 아니라 간단한 말로 사람을 감동시키거나 사물의 급소를 찌르는 것을 이르는 말입니다.

 다음 고사성어를 바르게 따라 써 보세요.

촌	철	살	인		촌	철	살	인		
촌	철	살	인		촌	철	살	인		

 다음 빈칸에 맞춰 따라 써 보세요.

간단한 말로도 남을 감동시킬 수 있다.

 한 글자씩 알아봐요!

寸 마디 촌   鐵 쇠 철   殺 죽일 살   人 사람 인

고사성어 실력이 쑥쑥!

[예문] 그 연설에는 촌철살인의 힘이 있다.

90 타산지석 他山之石

다른 산의 나쁜 돌도 자신의 산의 옥돌을 가는 데 쓸 수 있다는 뜻입니다.
다른 사람의 하찮은 언행 또는 허물과 실패까지도 자신에게 교훈이 되어 덕을 닦는 데
도움이 될 수 있다는 말입니다.

 다음 고사성어를 바르게 따라 써 보세요.

타	산	지	석		타	산	지	석			
타	산	지	석		타	산	지	석			

 다음 빈칸에 맞춰 따라 써 보세요.

다른 산의 나쁜 돌

 한 글자씩 알아봐요!

| 他 다를 타 | 山 뫼 산 | 之 갈 지 | 石 돌 석 |

고사성어 실력이 쑥쑥!

[예문] 우리는 이 일을 타산지석으로 삼아야 한다.

101

91 토사구팽 兎死狗烹

토끼가 죽으면 토끼를 잡던 사냥개도 필요 없게 되어 주인이 삶아 먹는다는 뜻입니다. 필요할 때 요긴하게 써먹고 쓸모가 없어지면 가혹하게 버린다는 말이지죠. 실컷 부려먹다가 일이 끝나면 돌보지 않는 경우에 씁니다.

 다음 고사성어를 바르게 따라 써 보세요.

토	사	구	팽		토	사	구	팽			
토	사	구	팽		토	사	구	팽			

 다음 빈칸에 맞춰 따라 써 보세요.

필요할 때 써먹고 쓸모없어지면 버린다.

 한 글자씩 알아봐요!

| 兎 토끼 토 | 死 죽을 사 | 狗 개 구 | 烹 삶을 팽 |

고사성어 실력이 쑥쑥!

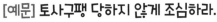
[예문] **토사구팽** 당하지 않게 조심하라.

92 파죽지세 破竹之勢

대나무의 한끝을 갈라 내리 쪼갤 때와 같은 형세라는 뜻으로 감히 대적할 수 없을 정도로 막힘없이 무찔러 나아가는 맹렬한 기세를 말합니다.

대나무는 결대로 한쪽 끝이 쪼개지면 순식간에 완전히 쪼개지는 특성이 있지요.

 다음 고사성어를 바르게 따라 써 보세요.

파	죽	지	세		파	죽	지	세			
파	죽	지	세		파	죽	지	세			

 다음 빈칸에 맞춰 따라 써 보세요.

막힘없이 연속하여 이겨 나가는 기세

 한 글자씩 알아봐요!

破 깨뜨릴 파   竹 대 죽   之 갈 지   勢 형세 세

고사성어 실력이 쑥쑥!

[예문] 연달아 칠 승을 거둔 두산베어스는 파죽지세의 팀이다.

93 표리부동 表裏不同

겉 다르고 속 다르다는 뜻으로 마음이 음흉하여 겉과 속이 다른 사람을 이르는 말입니다. 비슷한 말로 입에 꿀이 있고 배에 칼이 있다는 뜻의 구밀복검(口蜜腹劍), 양 머리를 걸어놓고 개고기를 판다는 뜻의 양두구육(羊頭狗肉)이 있습니다.

 다음 고사성어를 바르게 따라 써 보세요.

표	리	부	동	표	리	부	동			
표	리	부	동	표	리	부	동			

 다음 빈칸에 맞춰 따라 써 보세요.

마음이 음흉하여 겉과 속이 다르다.

 한 글자씩 알아봐요!

| 表 겉 표 | 裏 속 리(이) | 不 아닐 부 | 同 같을 동 |

고사성어 실력이 쑥쑥!

[예문] 표리부동한 사람과는 상대하지 마라.

94 풍전등화 風前燈火

바람 앞의 등불이란 뜻으로, 사물이 매우 위태로운 처지나 오래 견디지 못할 상태에 놓여 있음을 비유하여 이르는 말입니다. 바람이 좀 더 세게 불면 불이 꺼질 수도 있겠지요? 그만큼 아슬아슬한 상황이라는 의미입니다.

 다음 고사성어를 바르게 따라 써 보세요.

풍	전	등	화		풍	전	등	화			
풍	전	등	화		풍	전	등	화			

 다음 빈칸에 맞춰 따라 써 보세요.

바람 앞의 등불처럼 위태로운 상황에 놓여 있다.

 한 글자씩 알아봐요!

| 風 바람 풍 | 前 앞 전 | 燈 등 등 | 火 불 화 |

고사성어 실력이 쑥쑥!

[예문] 나라의 운명이 풍전등화와 같다.

95 함흥차사 咸興差使

심부름을 가서 오지 않거나 늦게 온 사람을 이르는 말입니다.

조선 태조 이성계가 왕위에서 물러나 함흥에 있을 때 아들 태종이 보낸 차사(벼슬의 일종)를 잡아 가두고 돌려보내지 않아 아무 소식이 없었다는 데에서 유래한 말입니다.

 다음 고사성어를 바르게 따라 써 보세요.

함	흥	차	사		함	흥	차	사			
함	흥	차	사		함	흥	차	사			

 다음 빈칸에 맞춰 따라 써 보세요.

와야 할 사람이 오지 않거나 늦게 오는 일

 한 글자씩 알아봐요!

咸 다 함   興 일 흥   差 다를 차   使 부릴 사

고사성어 실력이 쑥쑥!

[예문] 심부름 간 동생이 아직도 오지 않다니 함흥차사로구나.

106 저절로 외워지는 신기한 고사성어 따라 쓰기

96 형설지공 螢雪之功

고생하면서 부지런하고 꾸준하게 공부하는 자세를 이르는 말입니다.

중국 진나라에 매우 가난한 차윤과 손강이라는 사람이 살았습니다. 밤에는 등불을 켤 돈이 없어 차윤은 여름이면 비단 주머니에 수십 마리의 반딧불을 담아 글을 비추어 공부했고, 손강은 겨울에 눈을 옆에 두고 책을 비추어 보며 공부했다고 합니다.

 다음 고사성어를 바르게 따라 써 보세요.

형	설	지	공		형	설	지	공			
형	설	지	공		형	설	지	공			

 다음 빈칸에 맞춰 따라 써 보세요.

반딧불과 눈빛으로 글을 읽으며 공부하여 이룬 공

 한 글자씩 알아봐요!

| 螢 반딧불 형 | 雪 눈 설 | 之 갈 지 | 功 공 공 |

고사성어 실력이 쑥쑥!

[예문] 가난을 극복한 우리 선생님은 형설지공의 표본이시다.

97 호가호위 狐假虎威

여우가 호랑이의 위세를 빌려 호기를 부린다는 뜻으로 사람이 남의 권세를 가지고 힘을 발휘하는 것을 이르는 말입니다.
자신보다 높은 사람의 힘을 통해 대신 대장 노릇을 하는 사람에게 씁니다.

 다음 고사성어를 바르게 따라 써 보세요.

호	가	호	위		호	가	호	위			
호	가	호	위		호	가	호	위			

 다음 빈칸에 맞춰 따라 써 보세요.

윗사람의 힘으로 대장 노릇을 하는 일

 한 글자씩 알아봐요!

| 狐 여우 호 | 假 거짓 가 | 虎 범 호 | 威 위엄 위 |

고사성어 실력이 쑥쑥!

[예문] 대통령은 주변 사람들의 호가호위를 엄벌해야 한다.

98 호사다마 好事多魔

좋은 일에는 방해가 되는 일이 많다는 뜻입니다. 좋은 일이 실현되기 위해서는 많은 어려움을 겪게 된다는 것을 비유하는 말입니다.

맛이 좋은 생선에 가시가 많다는 뜻을 가진 시어다골(鰣魚多骨)도 비슷한 말입니다.

 다음 고사성어를 바르게 따라 써 보세요. ✏️

호	사	다	마		호	사	다	마			
호	사	다	마		호	사	다	마			

 다음 빈칸에 맞춰 따라 써 보세요.

좋은 일에는 방해도 많다.

 한 글자씩 알아봐요!

| 好 좋을 호 | 事 일 사 | 多 많을 다 | 魔 마귀 마 |

고사성어 실력이 쑥쑥!

[예문] 아무리 힘든 일이 있어도 호사다마라고 생각해라.

99 호연지기 浩然之氣

거침없이 넓고 바르고 큰 마음을 뜻하는 말이자 하늘과 땅 사이에 가득 찬 넓고 큰 원기를 말합니다. 공명정대(公明正大)하여 조금도 부끄럼 없는 용기와 잡다한 일에서 벗어난 자유로운 마음이기도 합니다.

 다음 고사성어를 바르게 따라 써 보세요.

호	연	지	기		호	연	지	기		
호	연	지	기		호	연	지	기		

 다음 빈칸에 맞춰 따라 써 보세요.

넓고 바르고 큰 마음가짐

 한 글자씩 알아봐요!

| 浩 넓을 호 | 然 그럴 연 | 之 갈 지 | 氣 기운 기 |

고사성어 실력이 쑥쑥!

[예문] 산수(山水)가 뛰어난 곳에서 마음껏 즐기며 호연지기를 길렀다.

100 화룡점정 畵龍點睛

무슨 일을 하는 데에 가장 중요한 부분을 완성하는 것을 비유하는 말입니다.
용을 그릴 때 마지막으로 눈동자를 그려 넣었더니 실제 용이 되어 구름을 타고 하늘로
날아 올라갔다는 고사에서 유래했습니다.

 다음 고사성어를 바르게 따라 써 보세요. ✏️

화	룡	점	정		화	룡	점	정			
화	룡	점	정		화	룡	점	정			

 다음 빈칸에 맞춰 따라 써 보세요.

눈동자를 그려 용 그림을 완성하다.

 한 글자씩 알아봐요!

| 畵 그림 화 | 龍 용 룡 | 點 점 점 | 睛 눈동자 정 |

고사성어 실력이 쑥쑥!

[예문] 백 번째 고사성어까지 따라 쓰다니 화룡점정을 이루었구나.

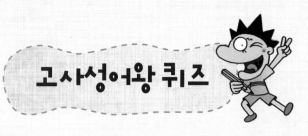

고사성어왕 퀴즈

1. 훌륭한 사람이 되기 위해서 어려운 환경에서도 부지런하게 열심히 공부해야 한다는 선조들의 가르침을 전하는 고사성어가 많습니다. 그중에서 낮에는 농사를 짓고 밤에는 글을 읽는다는 뜻을 가진 고사성어는 다음 중 무엇일까요?

① 자포자기 (自暴自棄)

② 형설지공 (螢雪之功)

③ 천재일우 (千載一遇)

④ 주경야독 (晝耕夜讀)

2. 다음 고사성어는 '나의 형편을 알고 상대의 형편을 안다'는 말입니다. 오른쪽 빈칸에 알맞은 고사성어를 적으세요.

3. 다음 글의 빈칸에 맞는 고사성어는 무엇일까요?

대단한 일을 이루거나 원하는 직업을 갖기 위해 꿈을 꾸는 많은 사람들이 처음에 세웠던 뜻을 끝까지 밀고 나아가지 못하고 중간에 포기하곤 합니다. 그중에 일부는 아무리 힘들어도 처음의 마음가짐을 끝까지 유지하는 ▢▢▢▢의 자세로 성공하는 사람이 됩니다.

정답

1. ④   2. 지피지기   3. 초지일관

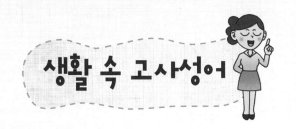

백기남 선생님 "얘들아, 인사해라. 졸업한 너희 선배 맹가 형이 오늘 학교에 놀러 왔구나. 맹가 형은 10년 전에 이 교실에서 공부했어."

맹가 선배 "안녕? 나는 맹가라고 해. 지금은 글을 쓰는 작가로 활동하고 있어."

명필이 "우와, 멋있어요! 작가면 우리 선생님보다 글을 더 잘 쓰나요?"

눈팅이 "명필아, 그런 말이 어딨니? 우리 선생님이 더 잘 쓰셔. 맹가 형 도 선생님의 제자잖아."

백기남 선생님 "맹가처럼 선생님 제자가 선생님보다 글을 더 잘 쓸 수도 있단 다. 이런 걸 청출어람이라고 하는 거야."

맹가 선배 "아니에요, 선생님. 저 아직 멀었어요. 그냥 초보 작가인 걸요."

백기남 선생님 "겸손한 것조차 청출어람이로구나. 너는 더 훌륭한 작가가 될 거야."

청출어람~

저는 아직 멀었습니다. 초보 작가인 걸요.

선생님 보다 훌륭하게 되는 제자도 얼마든지 있단다.

안써니의 고사성어 일기

고사성어가 어려운 줄 알았는데 '저절로 외워지는 신기한 고사성어 따라 쓰기' 덕분에 의기양양하게 공부했다. 이 책을 본 친구들도 이구동성으로 말했다. 일석이조의 책이라고. 유유상종이라더니 역시 내 친구들이다. 별명이 안써니인 내가 따라 쓰기를 즐겨하다니 정말 개과천선을 한 것 같다. 따라 쓰기가 재미없을 거라는 생각은 기우였다. 고사성어 퀴즈도 백발백중 알아맞혔다. 책을 사주신 엄마의 추천은 선견지명이었다.

안써니의 일기에 나온
고사성어는 모두 몇 개일까요?

_____개

명필이의 고사성어 일기

솔직히 처음에는 놀려대는 친구들 때문에 자포자기할 뻔했다. 하지만 우유부단한 모습을 보이지 않으려 노력했다. 노심초사했지만 군계일학이 되고 싶어서 초지일관으로 따라 쓰기를 계속했다. 그런데 '저절로 외워지는 신기한 고사성어 따라 쓰기' 덕분에 죽마고우들까지 따라 쓰기를 한다. 기분이 좋다. 따라 쓰는 친구들은 다다익선이니까. 안써니가 이심전심으로 나와 함께 따라 쓰는 걸 보니 격세지감이 든다.

명필이의 일기에 나온
고사성어는 모두 몇 개일까요?

_____개

퍼플카우콘텐츠팀 | 재미있고 유익한 어린이 책을 기획하고 만드는 사람들입니다. 기획자, 전문작가, 편집자 등으로 구성되어 '보랏빛소 워크북 시리즈'를 비롯한 아동 교양 실용서를 만들고 있습니다.

이우일 | 어린 시절, 구석진 다락방에서 삼촌과 고모의 외국 잡지를 탐독하며 조용히 만화가의 꿈을 키워 오다 홍익대학교 시각디자인학과에 들어가 그 꿈을 맘껏 펼치기 시작합니다. 신선한 아이디어로 '도날드 닭', '노빈손' 등 재미있는 그림을 그려 사람들을 즐겁게 해주고 있습니다. 지은 책으로는《우일우화》,《옥수수빵파랑》,《좋은 여행》,《고양이 카프카의 고백》등이 있습니다. 그림책 작가인 아내 선현경, 딸 은서, 고양이 카프카, 비비와 함께 그림을 그리고 글을 쓰며 살고 있습니다.

보랏빛소 워크북 시리즈

저절로 외워지는
신기한 고사성어 따라 쓰기

초판 1쇄 발행 | 2021년 02월 15일

지은이 | 퍼플카우콘텐츠팀
그린이 | 이우일

펴낸곳 | 보랏빛소
펴낸이 | 김철원

기획·편집 | 김이슬
마케팅·홍보 | 이태훈
디자인 | 박영정

출판신고 | 2014년 11월 26일 제2015-000327호
주소 | 서울시 마포구 포은로 81-1 에스빌딩 201호
대표전화·팩시밀리 | 070-8668-8802 (F)02-338-8803
이메일 | boracow8800@gmail.com

ISBN 979-11-90867-16-0 (64700)